U0624757

符向一烈士史料研究

中共海口市委党史研究室
中共海口市琼山区大坡镇委员会 编

王林兴　主编

中国海洋大学出版社
CHINA OCEAN UNIVERSITY PRESS

·青岛·

图书在版编目（ＣＩＰ）数据

符向一烈士史料研究 / 中共海口市委党史研究室，中共海口市琼山区大坡镇委员会编. — 青岛：中国海洋大学出版社，2023.7

ISBN 978-7-5670-3425-9

Ⅰ. ①符… Ⅱ. ①中… ②中… Ⅲ. ①符向一 –传记 Ⅳ. ①K827=6

中国国家版本馆 CIP 数据核字(2023)第 135409 号

FU XIANGYI LIESHI SHILIAO YANJIU

符 向 一 烈 士 史 料 研 究

出版发行	中国海洋大学出版社
社　　址	青岛市香港东路 23 号
邮政编码	266071
出 版 人	刘文菁
网　　址	http://pub.ouc.edu.cn
电子信箱	1922305382@qq.com
订购电话	0532-82032573　（传真）
责任编辑	曾科文　周佳蕊　　　电话　0898-31563611
印　　制	海南雅迪印刷有限公司
版　　次	2023 年 7 月第 1 版
印　　次	2023 年 7 月第 1 次印刷
成品尺寸	125 mm × 190 mm
印　　张	10.25
字　　数	94 千
印　　数	1－3000
定　　价	50.00 元

如发现印装质量问题，请致电 0898-66732388 调换。

符向一（1902—1928）

琼崖英烈献身荆楚大地
（代序）

符向一（1902—1928），原名符福山，海南琼山县（今海口市琼山区）人。1924年，符向一考入上海东华大学，与在上海读书的琼籍学生许侠夫、陈秋辅等人一起创办《琼崖讨邓月刊》，揭露封建军阀的罪行，传播马克思列宁主义思想。同年，与王文明、陈垂斌、叶文龙、罗文淹、黄昌炜、周逸、郭儒灏等组织琼崖新青年社，出版《琼崖新青年》（半月刊），并为杂志撰写文章。1925年加入中国共产党，5月参加五卅运动。

1926年1月，符向一随国民革命军渡琼讨伐反动军阀邓本殷。2月，担任中共琼崖特别支部委员会委员、共青团琼崖特别支部书记。3月，被委派组织共青团琼崖地方委员会，同时还担任广东省农民协会琼崖办事处书记。5月初，前往临高县视察指导工作，指导临高县筹备建立中共组织。在此期间，还到琼山县、澄迈县开展农民运动工作。后离琼参加北伐战争，代表广东农民协会随军宣传并发展两湖（湖南、湖北）的农民组织。

1927年8月，符向一领导鄂南秋收暴动；10月被中共湖北省委任命为中共黄麻特委书记；11月领导黄麻起义，攻占黄安县城，建立黄安县农民政府和人民军队——工农革命军鄂东军；12月任中共湖北省委常委。1928年3月上旬，因叛徒出卖，中共湖北省委机关被敌人破坏，符向一被捕，3月17日在武汉就义，年仅26岁。[①]

注：

①中共海南省委党史研究室（海南省地方志办公室）：《海南党史百名人物 符向一：琼崖英烈献身荆楚大地》，http://hi.people.com.cn/n2/2021/0330/c231190-34648472.html，访问日期：2022年12月30日。

目　录

———— 史志资料 ————

研讨文摘

附　　录

历史文献①

①编入本书的史料，基本保持原貌，仅对十分明显的错别字、漏字等进行订正，并加中括号以示区别。

中共中央关于湘鄂粤赣四省农民秋收暴动大纲

（一九二七年八月三日）

（一）根据中央最近农民斗争之议决案，决定这个行动大纲，准备在湘鄂粤赣四省实现。

（二）中国革命正转向一个新的前途——工农德谟克拉西独裁，土地革命将占据重要的过程。在这里党的政策需要新的变更，革命的社会势力需要新的聚集和训练，现反动的统治阶级始终没有稳定，农民群众满心期望秋收胜利，因为新遭了挫折，正在寻找他们新的奋斗的方略。秋收暴动是对于这个客观情势的适当的答案。这次抗租抗税的暴动是土地革命急剧发展之新阶段，他至少要动摇反动的新旧军阀的政权，在湘粤则有建立新的革命政权的可能的前途。

（三）党过去对农民革命有一个错误政策，就是抑制农民保护小地主利益的政策。具体的表现便是强〔制〕农民建设与小地主联盟的自治，及五大会后对于国民党种种限制农民革命的训令不加反抗，反在实际上指令下级党部执行国民党之反动训令。这个错误是由党对小资产阶级的整个政策来的。现在国际〔执行会〕第八次扩大会对中国革命的前途是工农德谟克拉西独裁联合小资产阶级，这一个新的指示证明过去湖南农民实行农会专政，反对乡村自治是对的，对小地主不可避免的打击，所谓"幼稚"、"过火"的现象不足害怕，而应当积极去领导的。明白了这个才能不自陷于矛盾的狭巷中，而可以勇往直前的领导秋收的暴动。

（四）暴动的战略：

（1）以农会为中心，号召一切接近农民的社会力量（如土匪会党等）予其周围，实行暴动。宣布农会为当地政府。

除夺取乡村政权之外，于可能的范围应夺取县政权，联合城市工人贫民（小商人）组织革命委员会，使[其]成为当地的革命中心，对各地的暴动及革命政权尽可能的联络，向反革命势力进攻。

（2）由农会通告，对祠堂庙宇，一切公会及五十亩以上之大地主一律抗租不缴，对五十亩以下之地主实行减租，其租率由农民协会规定以佃七东三为大致的标准。

（3）夺取一切权力于农民协会，歼灭土豪劣绅及一切反革命派，并没收其财产。

（4）实行对反动政府拒绝交纳任何税捐，并实行对于反革命势力的经济封锁如阻禁拒卖军米等。

（5）自耕农土地不没收，自耕农已取得大地主田地之佃农应对其革命政权（农会）交纳田税，税额由农民协会决定之。

（6）农民协会组织土地委员会决定土地之分配。

兹将四省农民秋收暴动的每省具体工作抄一份于下：

鄂：湖北暴动大纲，政治上给统治者一个扰乱，使其不稳定，牵制其对江西压迫，经济上实行四抗（租，税，捐，粮）。

其他可根据大纲拟一个具体的计划。

湘：准备于不久时期内在湘南计划一湘南政府，建设革命政权及一切革命团体，在广东革命委员会指挥之下。

现即须组织湘南特别委员会，受省委指挥，于交通不灵通时得有[权]独立指挥此委员会所能活动的地方工作。

特委：夏曦、郭亮、泽东、卓宜（书记泽东）。

赣：1. 马上夺取乡县政权；2. 实行中央土地革命政纲；3. 尽量杀戮土豪劣绅与反革命派；4. 积极参加革命军对反革命派的军事战争。

粤：革命军占领地方，原则与江西相同。

军力暂未达到地方即起来暴动响应，夺取乡村政权，建设农会威力，并实行土地革命政纲。如有可能立即夺取县政权，用以引导革命政权夺取全省。

安中原①

《中共中央文件选集》
（一九二七年），第 220 页 [第 240–243 页]②

注：
①安中原是中共中央的代号。
②中共咸宁市委党史研究室编《鄂南建立全国第一个县级红色政权研究》，中共党史出版社，2018，第 213–215 页。

鄂南农民暴动计划①

（一九二七年八月五日②）

（1）鄂南农民暴动的区域为蒲圻、咸宁、通城、崇阳、通山、嘉鱼、武昌（城与郊不在内）七县。

（2）鄂南农民暴动，因为在武长铁路之面，因此在政治上、地理上有特别意义：在政治方面可以直接影响武汉；在地理方面，断绝武长的交通与邮电，可以造成湖南军队与政治的恐慌而大有利于湖南农民的暴动。

（3）鄂南的农民暴动以蒲圻、咸宁为中心与发难的地点，开始之第一天即须攻蒲、咸二城，然后在政治上可以号召鄂南的农民，创成整个的鄂南的暴动局面。

（4）暴动组织在革命委员会湖北分会之下，军事方面用农民革命军鄂南总司令名义。

（5）暴动为实行彻底的农民革命，即没收大中地主的土地（事实的结果是全部），杀尽土豪劣绅与没收其财产，实行乡村一切政权归农民协会，消灭一切非农民的武装，组织正式的农民革命军，简称农军。

（6）暴动一开始即须分段掘断武昌与咸宁、咸宁与蒲圻、蒲圻与岳阳等处的铁路（以掘断愈多愈好为原则），割断所有的电线，破坏邮政机关。在暴动尚未发动之先，在离城与铁路较远一点的乡村，须尽量做骚动和杀戮土豪劣绅的工作，分区开农民群众大会，鼓动暴动并告以鲜明的目的，创成农民热烈的革命的狂潮，然后才可以成为真正的农民的群众的暴动，才可以保证暴动之胜利。在暴动开始时，即须正式宣布革命委员会，领导农民暴动的目的，杀戮政府官吏（特别是各县之知事）与劣绅，各农民协会之下组织土地委员会，分配各乡的土地，在未有农民协会的地方即组织农民协会。

（7）暴动先取蒲圻、咸宁，在蒲、咸二城取得后，一面分军向贺胜桥、山坡、土地塘〔堂〕进攻，一面即取得嘉鱼、崇阳、通城、通山四县。如客观可能时，则须直接威吓武汉，或进攻岳阳州，威吓长沙，否则分路抗守山坡、贺胜桥、羊楼司各处，从嘉鱼陆溪口过江，连〔联〕络新堤、沔阳、潜江、江陵、公安、石首各处土匪与农军，创造一独立之局面。最后如万不得已时，亦须至通山、通城一带上山。

（8）暴动成功之后，在各县、市组织革命委员会，执行政权。

（9）暴动必须正式成立农军，在暴动未发动之先须组织。在暴动胜利之后，尤宜多正式成立，授以真正的军事的训练与政治教育。

（10）暴动的口号为：暴动打倒武汉政府；暴动杀尽豪绅与反动的大地主；暴动没

收地主的土地；暴动实行耕者有其田；暴动抗租、抗税、抗捐、抗粮；暴动实行一切政权归农民协会；农民革命才是真正的国民革命；暴动打倒叛党、叛国的汪精卫；暴动组织农民革命军；暴动实行民选革命政府；农民革命胜利万岁；革命委员会万岁。

（11）暴动的日期暂定九月一号至五号之间。

（12）暴动的内部指挥为鄂南特别委员会，直接受省委的指挥。鄂南各级党部均归其节制。③

注：

①原件未署作者，从内容看，似为中共湖北省委。

②原件无时间，但据本文内容及陈乔年1927年12月14日在省委扩大会议上的发言，似为1927年8月5日。

③中央档案馆、湖北省档案馆编《湖北革命历史文件汇集（一九二六年——一九二七年）》，1983，第49-51页。

最近农民斗争的议决案

（一九二七年八月七日

中共中央紧急会议通过）

农民的革命运动在国民政府的境域内有了广大的发展（主要的在湖南），现在却遇见暂时的失败。地主、资产阶级与小资产阶级的反动成份依据军队的武力与国民政府的机关联合着进攻，给农民运动以很大的打击。这次失败的主要原因应当认为是共产党方面对于农民的群众暴动没有坚决的革命指导，这是由于党的指导对于中国革命的主要问题带有机会主义的犹豫及摇动政策。

共产党对于农民运动指导的摇动不定（由地方机关直至党的中央）是反映小资产阶级之动摇，客观上弄到破坏农民暴动。共产党应当转变过去的方向，坚决的发展与提高农民革命。如果对此问题还要继续的动摇，就有使共产党由无产阶级革命的先锋变为小资产阶级的政党的危险。

虽农民革命运动有暂时的失败与紊乱，但在最近期间不仅客观上有新的提高的可能，而且这种重新高涨是不可免的。共产党所领导的农民组织之捣毁，农村中的白色恐怖之盛行，随之而经济压迫之增加等等，都只是加紧农村中的阶级矛盾，阶级斗争，必然准备着新的革命爆发，比前次的规模和力量更要超越。

农民运动不得无产阶级政党有系统的革命指导，很容易无组织的、凌乱的、自然的爆发，反动军阀可以不费力量把他镇压下去，因之，共产党现时最主要的任务是有系统的有计划的、尽可能的在广大区域中准备农民的总暴动，利用今年秋收时期农村中阶级斗争剧烈的关键。

中国共产党及中国共产主义青年团应当在极短期间调最积极的、坚强的、革命性稳定的、有斗争经验的同志尽量分配到各主要的省份做农民暴动的组织者。

在最近的期间，农民暴动的口号应当是：

一、乡村政权属于农民协会。

二、肃清土豪乡绅与一切反革命分子，没收他们的财产。

三、没收鱼[渔]利盘剥者财产，用以改良农村中贫民的生活。

四、没收大地主及中地主的土地，分这些土地给佃农和无地农民。

五、没收一切所谓公产的祠族庙宇等土地，分给无地的农民。

六、对于小田主则减租，租金率由农民协会规定之。

七、由农民协会取消鱼[渔]利剥盘〔盘剥〕者的债务苛刻的租约与苛约。

八、解除民团团防等类的武装与其他地主的军队，而武装农民。

九、改良雇农生活及其劳动条件（工资待遇等等）。

十、对于乡村一般失业贫民，革命政权当尽可能的[地]筹措基金救济之，并与以工作（如协作社等类办法）。

十一、对于一切新旧军阀政府的税捐，实行抗纳，并实行抗租。

国民政府所下的减租二五的命令，很明显的是现在国民党领袖之一种欺骗手段，因之，我们党对于国民政府之决议，应揭破他的阴谋虚伪。因为这种减租不能实现，所以必须提出实行完全抗租的口号，以答复国民党中央和政府这一骗人的决议案和命令。对于武汉国民政府，现在已和对于新旧军阀的政府一样，本党必须引导农民反对他。对于每次摧残农民都要号召群众起来反对，尤其要经常的反对一切豪绅军阀御用之假农民协会。

最近开始暴动的口号之中，本党不提出没收小田主土地的口号，是为着要使城乡间广大的小私有财产者之分子中立。但是，并不是说是农民运动不免要起而反对出租田地的小田主的时候，共产党可以认为这种事情是过火的、反革命的。共产党应当力求农民运动之中能有最大的组织性，但是共产党决不可以为小资产阶级咒骂"无政府行为"所吓退——不论自然爆发的农民运动走的如何远，都应当如此。因为本党之农民革命问题上的行动政纲，在这一整个的时期中本是"耕者有其田"这一极通俗的口号，足以引起农民革命运动，一直发展到土地国有及完全重新分配土地。

再则农民运动的主要力量是贫农，他们应当是农民协会的中心，农民暴动之中应当以贫农为主力，联合一般失业的贫农会党等势力——应当明显的定出收取富豪财产以救济贫民之政策。

《中共中央文件选集》（一九二七年），第224页[第294-297页]①

注：
①中共咸宁市委党史研究室编《鄂南建立全国第一个县级红色政权研究》，中共党史出版社，2018，第218-220页。

两湖暴动计划决议案

（一九二七年八月^①）

一、目前两湖的社会经济政治情形，纯是一个暴动的局面，本党当前唯一重要责任，就是坚决的实行土地革命，领导两湖的工农群众实行暴动，推翻武汉政府与唐生智的政权，建立真正的平民革命政权，如此才能保障革命猛烈地继续进展。

二、两湖的暴动尚未开始，在时间上已经是失败，这是犹豫不决与不相信农民的群众力量的结果，如此便要丧失革命。

三、土地革命必须依靠真正的农民的群众力量，军队与土匪不过是农民革命的一种副力，坐待军队与土匪的行动，或完全依靠军队的行动而忽略农民之本身之组织力量与行动，这也是机会主义的一种形式的表现。这样领导暴动，暴动无疑义的要归于失败。这不是暴动，这是一种军事的冒险，或者军事投机。

四、两湖的农民暴动必须开始于九月十号，因为两湖的环境不同，两湖应各有其中心区域，应各创成一种独立的暴动局面以发展暴动，但总的政治目标口号与行动须一致。

五、湖南暴动可分为三大区，……如此全省范围的暴动，应普遍的以中国革命委员会湖南分会的名义为号召的中心，此革命委员会于暴动成功之后组织湖南省临时革命政府。

六、湖北暴动应划成下列各区；……

七、暴动组织在中国革命委员会湖南分会、湖北分会之下，军事方面乡村用农民革命军，城市用工人革命军名义，简称农军、工军，合称工农革命军。某农民暴动区域军事的指导用某区农民革命军总司令名义，工农军的数量在暴动成功之后，须无限制的扩充成为正式的革命军队，同时仍保存地方军队性质的工军与农军，执行各境当地警卫，以之为革命的新警察的基础。在暴动尚未发动之前，应将工人纠察队改称工人革命军，农民自卫军即应改称农民革命军。

八、对于土匪的政策应当以我们的口号去宣传他们，组织他们于农民协会之下或革命委员会之下，使他们在暴动时成为一部分重要的副的力量，在暴动成功之后予以改编。

对于反唐的杂色军队（许克祥除外），如能对于暴动取中立的态度，则可利用其中立以便迅速发展暴动，并须设法与其兵士接近宣传他们，暴动成功后，对于此种部队斟量予以解散或改编。但这决不是说要牺牲我们的根本主张以换取他们的中立。在暴动中对于有反暴动倾向的杂色军队和土匪，虽然他们是反唐的，也要立刻解决他们。

九、暴动为实行彻底的土地革命，即没

收大中地主的土地（事实的结果是全部），杀尽土豪劣绅及一切反动派与没收其财产，实行乡村一切政权归农民协会，城市民选革命政府，消灭一切非农民工人革命的武装。

十、暴动之前须极端注意兵士中的宣传，鼓动他们起来杀戮反革命的军官；一有可能，便应组织革命兵士委员会。这种组织应是广泛的群众的。暴动之中要吸引兵士参加。这种革命兵士的组织可以做改编新革命军的成分。

十一、暴动的口号：暴动打倒武汉政府；暴动杀尽土豪劣绅反革命的大地主及一切反动派；暴动为死难民众复仇；暴动没收地主的土地；暴动实行耕者有其田；暴动抗租抗税抗粮抗捐；暴动恢复一切革命民众团体；暴动实行一切政权归农民协会；暴动实行民选革命政府；暴动打倒叛国叛党的汪精卫；暴动打倒残杀两湖人民的新军阀唐生智；暴动组织革命军；农民革命才是真正的国民革命；平民和兵士的革命联合万岁；农民革命胜利万岁；革命委员会万岁！

十二、各区的暴动在未发动之先，在离城较远一点的乡村即应杀戮土豪劣绅反动的大地主，提高农民革命的热情，举行各区农民群众大会，多做群众的政治宣传（按照上列的口号加上实际的事实），如发传单、讲演、壁报、告示等，存暴动方开始，首先即须征集所有的力量攻打某乡区的中心城市，杀戮政府的官吏，宣布革命委员会政权，然后才能发展普遍的暴动。

十三、暴动方开始即须掘断铁路，破坏水陆交通，占领或破坏邮政机关，割断所有的电线，造成敌人的绝端恐慌的状态，然后才可便于暴动的发展。但因交通机关的破坏，同时影响于我们自己的联络，各暴动区域应当提出特别传递消息的方法，切不可因此而迟延等待某区的暴动，即令暴动发生后各方关系断绝，亦应按照预定的未成功与已成功的地点猛烈的进攻，绝不可犹豫，犹豫便是破坏暴动的胜利。

十四、暴动胜利的地方，应无情的镇压肃清反革命。对于买办及反动的资本家，如果他们经济怠工或封闭工厂，则工会应当占领工厂，以之交给革命政权管理。至于反革命的豪绅则应坚决的没收财产。但必须注意应用正式革命政权机关实行这种没收，严禁私人的抢掠侵吞。

十五、长沙武汉两湖省委，应有一特别的暴动计划。

十六、各区的暴动内部的指挥为各区的特别委员会，直接归省委指挥。

《中共中央文件选集》（一九二七年），第 309 页[第 363–368 页]②

注：
①原件无时间，此年月是根据内容判定的。
②中共咸宁市委党史研究室编《鄂南建立全国第一个县级红色政权研究》，中共党史出版社，2018，第223–225 页。

中共湖北省委关于湖北农民暴动经过之报告①

（一九二七年十月②）

鄂南区工作的经过

…………

二、骚动时期之鄂南区

省委自决定湖北农运策略后，即于阳历八月初派苻〔符〕向一赴鄂南，令其在该区特委未组织成立以前，全权指挥该区工作。同时并决定该区中心机关，应设于蒲圻。向一到蒲圻后，即召集同志开会，宣布目前行动策略及宣传要点，该附近之农民同志五十余人，当即动员出发，拟捉五个土劣，仅捉获四个，附带捉获数人，杀一人，惟技术不好，杀了许久都没有杀死，又被其逃到湖里，乃号召农民三百余人，围湖呐喊，再派同志

五、六人脱衣持刀下湖，始将其刺伤淹死。鄂南之骚动工作，遂之此时开始，向一同志并派人到各县工作，未几，复得比较详细之报，述鄂南情形如下：

一、武装 （甲）咸宁：快枪四十八枝，驳壳四枝，九子连二枝各五十粒子弹，分散乡下，有事时可集合完全，在几小时以内，绝对受我们指挥，并勇敢于干事。

（乙）蒲圻：快枪三十八枝，驻新〔店〕镇，队长为非同志，未能完全受指挥，驳壳三枝，在同志手中。

（丙）嘉鱼：被有快枪一百一十五枝，可受我们指挥的五十枝，公安队一半可受指挥。手枪二枝驳壳一枝，均为同志所有。

（丁）通城：农军有枪五十余枝，队长非同志，手枪驳壳五枝，未能受指挥。此外有机关枪及炮弹、炮筒及汉阳造的子弹，共堆满一大房，现秘藏乡中。

（戊）通山：有快枪二十五枝，手枪驳

壳五枝，能受指挥。队长为同志。

（己）崇阳：有快枪二十五枝，未能受指挥。其余各乡土劣共有枪八十余枝，但对农协还好。

二、会匪　嘉鱼新堤一带之谢村地股有驳壳五十余枝，快枪二十余枝，曾劫新堤、龙口等地，我们未和他们接头，通山九宫山西山大老哥有枪五、六百枝，我们派人与之接洽，大老哥已允合作，大老哥尚未归山，故未得结果。通城黄童〔袍〕山有枪二百余枝，曾派人与我们接洽，愿合作，现因湖南要派兵剿他们，已不见动静。并闻该山附近有平江农军六、七百人，正在调查中。其余尚有十余枝枪的小股匪二、三股。

三、驻军　咸宁驻警卫团。蒲圻驻十三军二十九师一百十五团，快枪仅百余枝，能用者六十余枝。嘉鱼驻警卫团二团。通城及羊楼洞、太〔大〕沙埠〔坪〕各驻六军一个团左右。态度未甚明显。

四、农协情形　愤激欲倒政府者少数，消沉无所动作者多数。简单一句，就是稳静为甚活动。但党未到倒台。

五、农民态度　（甲）愤政府发纸币不能用，与国共分家引起变乱，致土劣反动派（唐生智三十五、六军等）杀人和买油盐不着，同时恨军队用国库券买米，使他们不能买〔卖〕米。

（乙）忆念四十一军，尤其叶挺打夏斗寅时的军队纪律好。

（丙）希望四十一军等革命军第二次来革命，保护农民。

（丁）希望县省农协继续办理并给枪农民自卫。

（戊）望关政治平稳。

六、最近工作　（一）简单宣传目前行动之必要，扩大宣传；（二）整理各地党部，健全组织；（三）县与特委工作联络；（四）分配农部派去同志工作。

此时该区骚动工作，虽已正式开始，然以大部分精力注意与土匪联络及勾结人民自卫军，并于八月十六日之报告中，要求省委调警卫二团同志所带之军队前往，颇有机会主义之倾向，省农部乃写一封信给他，告以：（一）农民革命须以农民为主力军；（二）军队及土匪仅为不大十分可靠之辅力；（三）不相信群众即为机会主义或军事的土匪的投机；（四）我们作［做］土匪运动，只是一种试验；（五）不许将我们的策略告诉做土匪工作的同志，恐其无意之间泄露出去；（六）对与我们接头的土匪，均须派人去看他们中间的实际情形，并能否受我们的指挥，但我须完全相信群众的力量，积极进行骚动工作。此信去后，该区之机会主义的倾向稍形减少，蒲圻方面继续骚动起来，咸宁方面则于短期之内杀死六个建国军，省委旋即派吴德峰参加该区特委工作。至八月二十二日，得其报告，未言及工作，仅请省委转中央军人部，调查蒲圻驻军之十三军第一百五十一〔一百十五〕团内之参谋长及三个连长是否同志，如是，则请介绍接头。又省警卫团四连又开一排到蒲圻，听说排长是同志，请省委速问曹振武，并写介绍信，省委未久，再派黄赤光前往参加该区特委工作，该区特委遂正式建立，由省委指定吴德峰任书记。八月二十七日该区复来信报告称：（一）各县至今尚无报告来，现在由蒲圻县处找得各县通信处一件，拟即派人赴各县索取。（二）漆昌元已回县，人民自卫军已有相当办法，已派一副团长加入。（三）再请调查蒲圻驻军中之同志及省警卫团四连长蒋彪是否同志，并请去函介绍。省委即决定罗某〔亦农〕、任某〔旭〕赴该区召集各县负责同志会议，决定，准备十日之内，举行暴动。准备工作如下：

（1）各县均召集代表大会，从小组以至县委或特支，改选各级机关负责人，以新的党执行新的策略。

（2）召集活动分子及支部大会，报告政治形势及新的策略，并即发政治宣传大纲。

（3）由各区农协或支部派员召集农协会员大会或职员会，加紧政治煽动，一面即发短篇传单或标语。

（4）恢复各区农协工作，用区农协会名义召集乡农协会员大会或组长联席会议，从事政治鼓动——尤其是关于抗租及打倒土豪劣绅等。对于不活动的乡农协会则改组其执委会，使其成为真正领导农民革命的机关。

（5）在各区乡农协开会时，加紧农民武装的宣传，同时按照各区分区调查并集中武器，没有武器即设法赶制。

（6）调查各地武装、土匪、县政府及各税局每月的收入，土豪劣绅的行踪财产，大地主的土地财产等。

（7）除特委直接指挥专门做破坏工作同志工作外，其余各县并须分别担任破坏该

地之水陆交通邮电等，

（8）准备旗帜、标语、口号、交通——。

在罗某、任某未赴鄂南区开会以前，省委并决定派人假冒省政府名义，分三路出发，沿途大杀土劣，再往蒲圻茶庵岭集中，这个计划后来没有实行。

后得该区九月二号之报告称：

（一）通城因新县长到任，我们就以保留旧县长为名，拒绝其就职，现新县长号召民团围城攻打我们农军甚急。闻新县长又在向省城请兵。

（二）蒲圻驻军中的三个连长，已明白承认是我们同志，欲知我们策略。

同日又报告，又称：

（一）通城已取得政权，县长表现很好。

（二）据通城来人云，修水驻有二团，团长系余洒度、苏斌，是同志，已与通城接洽，请查明介绍。

（三）羊楼司到军队二、三千，自称是

江西来的，住山峒洞，农民对彼怀疑，欲起而解决之，请查明是否我们的军队。

（四）咸宁又公开在汀泗桥杀了七个土豪，省政府有密令到县，说将以一师人前往镇压，彼地恐惧极了，已去信严斥。

（五）蒲圻车埠附近，秘密杀了六个劣绅，县长派人带自卫军调查，已决定自卫军在新乡[店]集中，再不回去了。

（六）破坏水陆交通，请省委设法。

（七）山坡、土地堂一带请省委设法指挥。

（八）咸宁警卫二团四连长自称同学，并有一指导员蒋某自称是同学，请查明见覆。

此信来后，省委书记乃复赴鄂南，指示暴动机宜，并定期九月九号夜开始暴动。九月九日复得该区九月八日报告如下：

A.现状（一）通城：农军被前陈烈团刘继宋营长"同志"骗调至修水与余团集中，现在开发何地未详，多半是向平江开发。因刘继宋是受湘省委负托。他们离开前一日，向一就至该处，谈无把握而归。崇阳亦受此影响，未能解决一切。

（二）咸宁：曹振武分派各一连兵扎在官埠桥、神山、城内四处，一面又致书柏墩农协请我们将队向汀泗桥集中，我们深知此是诡计，故决定集中力量，先将马桥攻占，即刻将农民分由汀泗桥、马桥、官埠桥三路进攻咸城。惟咸县委还有胆怯，未甚敢决态度，影响农民群众集中不少，咸属暴动现未能测其结果如何，多半是不能攻城。

（三）蒲圻：驻军除三连长同志极敢决能外，第一营长又本日派人接头，愿与我们合作。他在当晚召集四个连长会议，第一营长发言大意说，整个局面已在倒唐，必能成功，我们该与他们合作。次一个说，他们未向我们进攻，我们可以不必下乡打他们。第三个说，我们应探听整个的政治消息定夺后，再决定行止，现在暂与他们敷衍及相当的防备。会议结果，通过第三个意见。并决定于九日下午二时，派代表与我们面谈一切。再者，他们现戒备极严。团部置机关枪一架，驳壳二十八枝，西门城外地岭顶置机关枪一架及排哨，其余部队，现皆集中城外高地。本日全日皆不准农民入城，仅准农民出城，同时步哨放到城外二里远。此地农民，动是可以的，惟人数千余人，通不是基础农军，倘当日攻城，头一个被军队打死，以未老于军事之农民，受此打击，或将溃不成军，故攻城极困难。至如各乡召集大会、屠杀土劣、没收土地、破坏铁路邮电，是办得到的，算来有相当成绩。再者，军队方面兵士长官都各恐慌欲有逃命之现状。惟我们要攻城是有极大危险，故决定未攻城，仅在各乡骚扰及破坏。至农军则集中咸宁转通山，再由通山转崇阳、通城至湖南平江，与湖南军队会合长沙。

B．特委随蒲圻农军走，此地接头地方仍旧。

以上各情，倘修水军队能够过来，与蒲圻军队能独立，和接受我们给他们的农民革命军鄂南军第二师长兼攻岳军中路总指挥，或蒋友谅与羊楼司之羊中、姜南同志俩接洽有把握，并于九日早能与我们接头好，则此地暴动的局面，可变一新的局面即胜利的局面，十五号攻占岳州就没有问题了。倘这三件事不能办到时，我们就只有滚蛋至通山候第二次暴动了。

土匪工作完全失败，就是杳无消息。

我们与蒲圻十三军一一五团接洽条件：（一）准扩大军队。（二）准委任师长职。（三）准入本校，但十号午十二时宣布独立，正式通电换旗帜符号；第一杀县长，第二准我们派人作军事工作。

C. 最后——鄂南困难的中心问题是蒲圻的十三军不能解决，因为第一只给我们驳壳十枝、子弹六百，同时又没有炸弹与炸药，农民暴动起来极为危险而且失败在目前。这点责任，是要省委负责的。同时派来工作人员，又延迟而没有即动，尤其是不能使驳壳枪，可笑，这也是要省委负责的。简单说一句，这一次的失败，省委是要负相当责任的。再者，使我们莫名其妙的，尤其是中央派蒋友谅兄与此间军事工作同志接头，结果打死都不肯使当地军事同志与我们接头最为奇怪。这种行动，与湘省私自运动修水余洒度队伍密逃湖南动作，不照中央计划，使其集中军力，先取岳州，后取长沙一样荒谬。

省委得到鄂南区九月八日的报告，即于九月十二日回以一信，说：

"九月八日晚的报告中明显表示兄方仍犯了轻视民众自动力量而偏依赖军队之一种机会主义的错误，此次两湖暴动计划根本是建筑在广大的农民群众的身上，而不是某种的军事投机或土匪运动。军队和土匪，我们只可视为一种辅助力量，而不可视为根本的势力。这一点，我们屡次说过，亦农同志与兄方负责谈话，尤时时提明。但九月八日的报告中，却又犯了这种错误。譬如说省委只给兄方盒子炮十枝，子弹六百，若因而鄂南全局失败，省委应当负相当责任，其实，我们的暴动就不该建筑在几十枝盒子炮身上，至于省委，并非有枪不给，第一是因为没有枪，第二是因为运输困难，又报告中显示是过于依赖蒲圻驻军的独立，仿佛若驻军不独立，则我们工作都不能进行。

"因为犯了上述的错误，所以八日即暴动之前一日，兄方竟有这样犹豫不决的报告，似此何能领导那样广大的群众？我们不禁十分担心！咸宁县委之表现胆怯，更是这错误。而且这个报告之中，完全与亦农六日在鄂南所定之计划大相迳庭，这样重大的计划随意变更，这种责任，兄方是应该担负的。

"现在，当写这封信时，已经是九月十二日晚，即距原定暴动之时期（九月九号晚）已有三日了。我们这里只得断绝的消息，其他尚未得报告，不知暴动是否正式爆发，爆发后是否照原定计划进行，进行后情形如何，我们都不知道。但如果像兄方报告的情形看来，则大体上此暴动已经失败，因为既不相信广大农民群众，自己又没有坚决的决心，如此领导暴动，自然是成功少而失败多的。我们这里甚希望兄方负责同志，不至完全如八日来信所表现那种精神！

"但有一点特别应提出的，即许此次暴动失败，你们亦不应该如来信所说要退到湖南去，我们须知道，如果鄂南失败，湖南暴动亦是希望很少，你们应该坚决留在鄂南"落草"骚扰，到处出没无常帮助农民抗租，切不可高飞远走，走亦必被消灭无疑。

"湖南省委之任意更动两湖暴动总计划，自然是错误，已通知中央惩戒。蒋友谅（特委委员之一）之不肯联络当地军队同志于特委负责同志，自然也是错误，请兄方与之一谈。这些错误负责者，都是应该对党负责的。"

三、暴动期中之鄂南区

（一）暴动的计划：

鄂南因为任〔在〕武长铁路之面，在政治上可以直接影响武汉，在地理上断绝武长的交通与邮电，可以造成湖南军队与政治的恐慌而大有利于湖南农民的暴动，所以省委专定出一个鄂南农民暴动计划。其要点是：一、鄂南的农民暴动，以蒲圻、咸宁为中心与发难地点，开始之第一日即须攻破蒲、咸二城。然后在政治上可以号召鄂南的农民，创成整个的鄂南的暴动局面。

二、暴动一开始，即须掘断武昌与咸宁、咸宁与蒲圻、蒲圻与岳州等处的铁路（以掘断愈多为原则），割断所有的电线，破坏邮局机关。在暴动尚未发动之先，在离城与铁路较远一点的乡村，须尽量做骚动与屠杀土豪劣绅的工作，分区开农民群众大会鼓动暴动，并告以暴动鲜明的目的，创成农民热烈的革命狂潮，然后可以成为真正农民的群众暴动，才可以保证暴动之胜利。在暴动开始时，即须正式宣布革命委员会领导农民暴动的目的，杀戮政府官吏（特别是各县的知事）与劣绅，各农民协会之下，组织土地委员会，分配各乡的土地，在未有农民协会的地方，即须组织农民协会。

三、暴动先取蒲圻、咸宁，在蒲、咸两城取得后，一面分军向贺胜桥、山坡、土地堂进攻，一面即取嘉鱼、崇阳、通城、通山四县。如客观可能时，即须直接威吓武汉，或进取岳州，威吓长沙，否则分路抗守山坡、贺胜桥、羊楼司各处，从嘉鱼陆溪口过江，联络新堤、沔阳、潜江、江陵、公安、石首各区土匪与农军，创成一独立之局面，最后如万不得已时，亦须退至通山、通城一带之山上。

四、暴动的日期暂定九月一号至五号之间。

五、暴动的内部指挥为鄂南革命委员会，直接受省委的指挥，鄂南各级党部均归其节制。

（二）暴动纪实：

一、中伙铺劫车　鄂南正式暴动，是自九月八号晚之中伙铺劫车开始。暴动日期原定是九月十号，鄂南特委因是晚得到一个报告，听说该车运有现洋数万到湖南作军饷，以为可劫之以资我们的军费，未顾及整个暴动日期，遂于将睡时，决定劫车。当集中二、三百农民，伏于铁路之两旁，以颈上缠红带为号，由黄赤光任总指挥，率八、九人武装上车，假十三军查车为名，做缴械工作，再由两旁农民拥起以壮声威。但此上车之八、九人，只二人能打枪，车到时即上车，赤光上前先开一枪，大声叫缴械，护车兵士惊惶不知所措，皆不敢动，将械完全缴得。两旁农民亦畏惧不敢动，再呼始上车。计缴得快枪十六枝，子弹五箱，及收得三万四千张纸票，八十六块现洋。是役也，有派去作军事工作之刘镇一同志，因路上盘查甚严，身着军服，与护车兵士同坐，知系我们所为，当赤手帮助缴械二枝，亦甚勇敢，后农民上车，乱杀一场，内中误杀了一个同志，镇一亦由是获免。特委因次日（九日）为鄂南原定正式暴动日期，知是车为由武昌去长沙最后之车，其中恐有我们寄信之同志，恐将车扣留，贻误两湖暴动，遂让车仍放到长沙，而铁路电线均未毁断，结果又无异于敌人通了暴动信息。

二、变更攻城之计划　鄂南农民暴动计划，原定暴动开始之第一日，即须攻破蒲、咸二城，以便在政治上号召鄂南的农民，创成鄂南整个的暴动局面。在劫车之日，咸宁县委书记杨其祥到特委报告，咸宁只能集中农民八百余人，不能攻城。此时特委书记吴德峰以农民畏缩，亦不主张攻城，黄赤光虽主张攻城，但不多言，只苻[符]向——人力主攻城，但也不是相信农民的力量，是怕省委的骂，就是失败，去由省委负责。结果，决定攻咸宁，以咸宁及通山县委书记太懦弱，加派刘镇一为两县党代表。至劫车之次日，九号晚四时，遂开始尽量毁铁路，割电线，破坏一切交通，同时集中农军，由市农协到区农协来，而咸宁、通山两县则以尽量集中为原则，是时蒲圻县城驻军，约二百余枝枪，内中还有数十枝枪为同志所带领。开一次联席会议，决定咸宁两县攻城。后来敌人力量增加了，有枪三百余枝，及二十多枝盒子，机关枪二架，没有把握，特委遂变更省委攻城计划，决定不去攻城，只在各乡村去干，抛弃县城，在蒲、通交界之山地，距城东三十里之西〔石〕坑地方，于十二号另组织西〔石〕坑革命政府以号召。同时，将特委迁至新店，要同人民自卫军合攻嘉鱼，再转回汀泗桥同咸宁农军攻咸宁。攻下咸宁，再回攻蒲圻。若攻而不下，则和咸宁农军集中通山，解决崇阳，过通城，联络羊楼洞及羊楼司之同志所带领的军队，去攻岳州，完成湖南之暴动。但特委到新店，即有人民自卫军之叛变，而有新店事变之发生。

三、新店事变 （1）和人民自卫军接洽经过：人民自卫军原为土匪，团长刘步一，有三十八快枪。先只有一个队长为同志，兵士同志有十三、四人。后决定要干这个团长，乃将三个队长均换成同志，继以蒲圻县委以同志漆昌元与刘团长私人感情，谓刘能受其指挥，漆为蒲圻县党部常委、省党部鄂南巡视员，其时在省党部，遂电昌元回蒲圻。昌元归，刘步一即示以十三军一百十五团贺团长令其密杀昌元之信，表示诚意，并商进攻蒲圻之计划。中伙铺劫车事，彼曾派一班长参加，因此特委对之不疑。

（2）被人民自卫军缴械情形：特委于决定不攻城之后，即将所有精华，往新店与人民自卫军集合，图合嘉鱼。先派鄂南第一路指挥兼蒲圻农军总指挥王钟同志，带领十六枝快枪，九枝盒子前去，不意刘步一被收买叛变，出其不意，毫无防备，将所带去枪支完全缴械。漆昌元及王钟二同志亦被牺牲。特委会次日去，因不见昌元面，疑有变故。因将来人皆住在山上，只留谢一环[寰]及苻[符]向一二人去接洽。他们坚持要见漆昌元，刘步一伪以漆同志宴后酒醉未醒对。并说"你们来了，很好！我们即刻出来欢迎。"遂派了一个队伍，"笛达笛达"地吹着欢迎号而来。一环[寰]忽见其前面不远有一个士兵，来即跪下，作射击状，并回头呼叫"班长！班长！"似要射击命令的样子。遂告向一，立刻逃走，立时枪声齐发，被捕卫队、交通、挑夫各一人，而特委则被打得四散。

（3）自卫军叛变之原因，可分三点：一、同志不可靠，在人民自卫军中的同志虽有二、三队长及十余兵士，但皆是视势力大小为转移者，并非对于团体有若何的认识。

他们见我们武器少，恐暴动不能成功，恐惧而不愿干。二、他们也很知道，就是他们不干，我们也是必干的，干亦必解决他们，心里有此恐惧，遂想先解决我们。三、劫车之事，他们参加了，没有分得着，心怀怨气，就被收买来反对我们。

（4）新店事变之影响：新店事变后，蒲圻农民群众参加暴动的，还是一天一天地变，约在二万以上，遍杀土劣和一切反动分子，所以军队仍困守孤城，不敢下乡。故此事变对于群众方面的影响，可说很少或至无有。惟其影响于群众的指导机关者则极大。因为新店事变一来，整个特委瓦解，皆丢掉群众跑回省委来。先是苻[符]向一、谢一环[寰]等五人马上回省。继是吴德峰、黄赤光等得咸宁攻城失败之消息亦仅决定一个各县工作原则——军队来时，力量小则与之为敌，大则逃去。而于十八号回省委请示。省委均令他们马上回鄂南领导暴动。但先后由阳新、大冶、九江三处走了三次，均未能到鄂南，而大冶一次，苻[符]向一、黄赤光等四人还遇险，几被完全牺牲。因此鄂南暴动失了指挥机关，一般同志及群众均不知所措，大军一去，遂归失败。

四、取汀泗桥　有驻军一营，地理异常重要，得之可以威吓咸宁。九月十号晚，由吴光皓率领三百人，快枪四十余枝，余为土枪，五时吃饭，六时向汀泗桥出发。并先告该地负责同志，放炮放火，烧毁铁路以助声威。故到时间即将汀泗桥包围，缴得械二十余枝，杀营长一人兵士二十余人。惟土枪队只顾抢东西，未捉着禁烟局人。在此地烧了一间最大的土劣张姓的房子。弄了千余纸洋，六、七百块现洋。于十二号向咸宁布防，并派交通与中伙铺联络。

五、占马桥　马桥有驻军一连，非常恐惧，内中也有我们的同志，有一次加派一连人来，仅住一夜就走，所以要缴械是可能的。

后县农协给他一个哀的美敦书，提出四个条件，他们即刻派一排人来愿听指挥，惟无伙食费开拨。当给以三百元作了个情面，农军遂于十三日进驻马桥。

六、攻咸宁　咸宁有驻军二连，官埠桥亦有驻军二连。决定在十五号晚一时攻咸宁，六时出发。由二路进攻，马桥有五、六百人为一路，汀泗桥有二、三百人又为一路。一人扎五个火把，七、八尺高，负于背上，将火把插遍于城附近之各山，人即立于无火把之处。土枪队由曹振常负责，打南门。快枪对是由刘镇一负责，有快枪三十余枝，土枪五、六十枝。另派百余枝土枪携带火把到官埠桥，会同当地农军，以牵制官埠桥之二连驻军。下午七时，刘镇一听说小龙潭有一连敌兵开来，即率队到小龙潭，去时见无军队，直至咸宁。遇一步哨，见面即跑，即至山上散开，枪声一响，马桥及汀泗桥开来之队伍均响应，先是派有五人各带二十元到城内洋油起火以作内应。后回一人，说被打不能前去。由十二时攻起，至三、四时，还未见城内起火，天又将雨，其时火车忽开，闻敌人援兵已到，镇一知已不能攻下咸宁，遂下令先叫土枪队退。退了十余里，天渐雨，快枪队亦退。至马桥，天已明。大雨即来，整整下了一天。是役，快枪队很勇敢，惟土枪队一气跑回柏墩。在马埠桥伤农军三，死一人。咸宁虽未攻下，但已给以一个很大的动摇，而各机关及县公署人员，一闻攻城枪声激烈，都已在那里准备退却官埠桥了。

七、失马桥　攻城后三日失马桥。是日先命曹振常将土枪队带至汀泗桥布防，刘镇一到前线看步哨，至距城七里之地，忽闻枪声，土枪队即四散，仅存十枝快枪，是时所遇敌人约一连，系分三路来攻，镇一当令散开御敌，且战且退，敌人则冲锋前进。退至马桥时，仅余镇一一人。马桥已于是时失去。占马桥之部队系官埠桥之十三军，有土豪劣绅为其向导。失马桥时，未牺牲人，仅土枪被夺。镇一等因恐马桥之敌将攻柏墩，乃通山开军事会议，分五路布防，即回柏墩。

八、失柏墩及白沙桥　阴历八月二十八日，敌人分两路来攻。一路由濯港进攻白沙桥，兵力约一连。一路由汀泗桥进攻柏墩，兵力约一营。当由吴光皓率枪五十枝拒敌，战五、六时，不支，退却。军需处及各办事人员则由白沙桥退。由咸宁退至通山者共百余人，由白沙桥退通山者共土枪百余枝。柏墩有二十余枝枪上山去了，死者三人。当即开咸、通负责同志会议，计划守通山要道，弃城退于通山县东之二十里之九宫山。敌人当日未到通山，二、三日后亦未攻通山，遂复由九宫山返县城，进行工作。但大中学书记及农协负责人，均已逃走一空，且卷去烟土及手枪等。（通山书记李良材，亦卷烟土及枪逃去，其原因是李良材是汉川人，被捉之县长及征收局长等九人，中有八人系汉川

人，被捉之县长及征收局长等九人，中有八人系汉川人。李想保护他们等）（德峰亦不想杀他们，以为这些是好官，将来可用作书记等）但镇一及通山农协委员会夏桂林同志，奉特委命令，将此九人枪毙，李遂逃走。镇一已下命全赶回杀之，但未追得。此时特委既无人负责，镇一等乃组织咸通农军军事委员会，负责指挥五路布防，设总指挥一，集中粮食到九宫山上预备敌人来时退守山，又派代表到通城、修水等处接洽，因为失了上级机关的指导，不能不与各方面联络。

九、通山工作经过　通山于八月尾由县委与县长以同乡关系，说明政治概况，该县长即将政权让出，同时即将该县长幽禁，以县长名义向土豪劣绅募捐以稍安其心，同时将交通断绝，并派农军严守四境，至九日即将该县长及各官吏枪毙，同时派农军二十分队分赴各乡杀戮土豪劣绅，并没收其财产，计杀土豪劣绅一百余人。第二日即派农军帮助咸宁。

此后敌人对于鄂南，完全采用封锁政策，使省委派去之同志无法入境或不能停留，因此省委对于该区消息完全隔绝，失败之详细情形，亦不能知悉。据大冶之同志报告则通山失守后鄂南农军曾有一部入阳新，因阳新方面之农民不知此部军队之目的，再土豪劣绅之造谣鼓动，遂至双方冲突，共死一、二十人，鄂南农军退去。

结　　论

鄂南工作，为湖北各区工作之冠，但在工作中所表现之机会主义的倾向，亦非常厉害，不过因为省委的指导密切，特委中又有比较坚决勇敢的分子，所以该区的工作人能做起来。但在暴动的前一日——九月八日，该区所给省委的报告，又充分表现机会主义面目，所以省委十二号的信，早已预料"此次暴动，大体已归于失败"，因为既不相信广大群众的力量，自己又迟疑犹豫等没有坚决斗争的决心，自然不能领导那样广大的群众。结果，新店事变，果然因为军事投机的失败（勾结蒲圻人民自卫军，又被人民自卫军团将漆昌元打死，缴去我们的枪械）影响鄂南区（把特委完全打跑了），遂至无人负责指挥，暴动失败，此为最大原因。其次为各县党部的不健全，犹豫畏缩，不敢行动，迁延复迁延，至无奈何时，然后开始攻咸宁、蒲圻，既与原定之计划不合，故敌人能俟铁路修复后，派兵二团来解咸宁之围。分配土地，为切要工作，鄂南亦未切实注意此项问题。通山在我们手中的时期很长，对于此项工作，亦未积极注意，因此，鄂南暴动遂归失败。总括说起来还是机会主义的余毒作祟，其他技术的原因，则为没有加紧政治的宣传，一般军事工作人员之不得力，交通不灵敏等亦为暴动失败的辅因。

鄂东区工作的经过

…………

同时来人口头报告，说黄梅工作，离不得致民，适麻城有李济棠来，省农部遂一面叫李回麻城，暂代致民工作，一面如黄梅工作，的确离不得致民，则致民亦可暂不离开。后至十月八号，该区开始行动起来，初得交通口头报告，未敢相信，嘱其速回，带详细书面报告来。继得汪玉堂来报告，只知孔垅镇失败，未知县城方面之情形。省委遂决定派苻［符］向一为鄂东江北二区之特派员，……

……又有一麻城同志孙士正来，报告麻城情形，与刘之十月中旬来所申说者无异。孙士正报告之要点：

一、麻城方面：（一）我们正在城北六十里之乘马山上（在麻城、黄安即河南光山之间），有人民自卫军，有快枪七、八十枝，一说百余枝，有十二枝驳壳，能号召群众二万，行动时能听指挥者一万人，土劣已杀尽，土地分配不少。有同志徐思庶、江汉翘（高级农业）、徐其虚（武汉中学）、刘文蔚（农所）等在其中负责指挥工作。刘负军事责任。但在十九日下午四时，又得麻城同志口头报告，说该处工作同志都被驱逐了，不过这恐是个人的关系，群众还能同情于我们。（二）东乡距城九十里之木樨一带，有民团五百余枝枪，在前夏斗寅部下郑其玉手中，郑又与孔庚有关系，是土劣的武装。（三）南乡有麻城及黄冈两县组织的董事会，收买了几百人，有旧鸟枪一百八十余枝。（四）西乡土劣组织之金枪会千余人，首领与在北乡乘马冈指挥军事的刘文蔚感情颇好。（五）城内驻军三连，闻不久即开。县警卫团只三十八人，二枝步枪能打，其余十枝都坏了。公安局没有枪械。

二、黄安方面：在七里坪地方有群众二、

三万人，快枪四、五百枝。杀了很多土劣，没收土劣之财产，即用以打梭镖。有同志戴季伦、戴先〔克〕敏及党校学生在那里指挥。

省委据此报告，乃派汪玉堂先往作军事工作，又决定派苟[符]向一巡视该区。

但在十月二十一日，复得报告，谓:(一)我们在黄安之七里坪地方，有群众万人，枪二、三百枝，现又缴了县城自卫军械二三十枝（由此可见我们的群众还有冲突。据说。乘北乡有一区队长有枪二十余枝，不知缴的是否此械），共有枪百四五十枝。(二)现在已杀土豪十余人，土劣惧而来武汉者共四、五十人，纷纷呈请政府派兵前往。省政府已决定派二连人（警卫一团的）前往镇压并撤换县长，大约一、二日即行启程。昨二十日，该县逃来武汉之土劣已开会决定前往屠杀，并同去作向导。(三)七里坪之同志，尚将土劣十余人送县长收押而不直接枪决，可知其不明瞭土地革命的意义。因此省委决定立刻派刘镇一、黄赤光二人前往指挥，并决定该区特委由麻、黄两县书记及镇一、赤光再加入两三个真正的农民领袖组织之。……

·············

三、结　　论

（一）大阳区　大冶、阳新之农民与土豪劣绅之斗争，当大阳区特别委员会到大冶时，正在积极进行，党若能立即坚决领导此种斗争，大举骚动，则农民进至暴动之正路，至为迅速，该区特委，对于此种重要工作，完全不加注意，仅欲孤注一掷以期侥幸得利，宜其只能作成一个勇敢同志的暴动。以机会主义起，以机会主义终，此区工作，完全是一幕滑稽剧！

（二）黄蕲区　初本为陷于机会主义之深潭中，毫无工作可言，后经省委一再切实指导，该区负责同志亦能改弦易辙，按照省委策略切实执行，所以该区工作，能勃然兴起，蔚为大观。今后如能继续坚决执行省委之策略，则进至暴动之路，造成割据局面，均属可能。

（三）麻黄区　此区工作，最初并没有党在那里领导，完全是农民因响应鄂南暴动而自动起来的。现在该区工作，虽尚有种种缺点，如不明瞭土地革命之意义，自相火拼等，但目前既派得力同志前往，又因省委指示之工作方针，只要该区特委能够坚决的做下去，最短期间，必能暴动起来，造成割据局面。③

....

注：
①本文为节选。
②原件无年月，此年月是根据内容判定的。
③中央档案馆、湖北省档案馆编《湖北革命历史文件汇集（一九二六 —— 一九二七年）》，1983，第141、143-166、184、208、212-216页。

中共湖北省委常委向
湖北省委扩大会的报告①

——在唐溃败前后，省委指导工作的情况

（一九二七年十二月十二日）

当时省委对东南战争虽未很明显的看出唐生智政权崩溃退出湖北，但对于鄂东工作极为重视，因为该区为战争中两方必争之地。因此省委曾于口月口日②派符向一同志在担任黄麻区特委书记的工作，并令他尽可能的发动黄麻农民群众起来斗争，夺取溃败军的武装，占领县城。同时，又决定派马俊三同志去鄂东之黄蕲及大阳两区巡视，加紧该两区内的斗争。后来因武汉政变突然爆发，交通阻隔，马同志遂未能去。对于鄂西则派省委员关向应同志去加紧那一方面的工作，派陆沈同志去京汉线巡视，对于鄂南、鄂中、鄂北，均因省委无人可派（当时省委

只剩乔年、育南、五一、泽楷四人，任旭已赴中央扩大会），不能派人去巡视，只能写信及送通告给这些区城的特委，指示他们工作的方针。……

············

……十月二十六号省委第八次常会决定"目前紧急争斗决议案"后，翌日即派人送决议案及信件至各区特委，告诉各区加紧游击战争，爆发群众大暴动，占据县城，创造几个割据的局面，实现乡村农民政权。当时并派省委委员关学参去鄂西巡视指导；符向一去鄂东巡视指导；黄大全去鄂中巡视指导；……③

注：

①本文为节选。

②原文缺字。

③中央档案馆、湖北省档案馆编《湖北革命历史文件汇集（一九二七年 —— 一九二八年）》，1984，第49、76页。

黄安县委关于黄麻暴动经过情形给中央的报告

（一九二七年十二月十四日）

《中共党史资料》编者按：这份报告是湖北省红安县党史资料征编办公室提供的，对研究黄麻暴动有一定的参考价值，特全文发表。凡经编者订正处用〔 〕表示。

（一）斗争之开场锣鼓

斗争的发生，在黄安北乡之七里坪区与紫云区；麻城北乡之乘马岗区。七里坪、紫云、乘马岗都是山多地瘠的地方自从所谓国民革命军到武汉以后，那里就产生了农民协会的组织。有了农民协会之后，却先后受了夏斗寅、魏益三的光顾，知县大人也特别关心到了"贫苦之乡"，乡下有马褂的老爷都集合城内同县长打商量。他们的关顾、关心和商量，就是杀戮压迫和怎样根本摧残这个可恶的农民协会。

夏斗寅、魏益三都是恶狠狠的很简单的办法："杀，烧房子，搜索"。各各玩了一套，分别的跑了（据说他们的成绩都不大佳）。知县大人和乡下有"马褂子"的老爷，他们的办法就多些，而且复杂些了。他们最初是请河南"打不死"的红枪会来替他们打"不穿裤子游街的公妻赤化党"，打得一个漫山遍野，烧房子、牵耕牛、杀赤党（赤党即老百姓之别名，此事报纸曾有记载，即是五六月间的"麻城惨案"）。后来他们因为"可恶"的农民协会的伙计还是存在（听说后来查办的结果，土劣受了一点打击），并且又在北乡兴起"党部"来了。北乡有马褂子的老爷和爹〔字〕辈与财主都各想办法了。各处"打不死"的枪会都风起云涌。麻城东北乡黄土岗有红枪会，麻城南乡白杲、宋埠有金枪会；黄安南乡八里塆及西乡与桃花到宋埠一带有金枪会、白枪会、黑枪会。这都是"打不死"的群众，是阔人老爷预备了"保家"、"保身"、"打党部"、"保卫圣人之道"的力量。这些力量都不时帮请许许多多远方"打不死"的先进〔生〕和朋友来围攻北乡党部。

来得乌天黑地，打得兵连祸结，可怜的"党部"、农民协会的穷朋友一直是采取的"兵来将挡"的政策。他们也"打得死"、"杀"、"放炮都来"，这是一般穷朋友们的心理和办法。打去打来迄无停止。

在这混战中，半空里来了一个炸弹："党部与民众团体停止了活动。"阔人老爷们都安身〔生〕了些。"你们从前闹错了！"这是阔人老爷们的宣传。"不亏苦你们，照去年纳租（去年八成收今年四成收）！"这是阔人老爷们的大道和实惠。"打不死"的朋友（也可以说死不完的朋友）仍然是猛打。"还是不打不能安身〔生〕"，"不打平不能安身〔生〕"，"放炮都来！各带刀矛！"，"打来复枪!", "协会还是要!" 这是农友们共同的倾向和办法。冒牌 C.P. 的朋友却有一些"明哲保身"的,逃之夭夭了。

咸宁、蒲圻(农民不晓得鄂南)闹起来了!穷朋友们闹得更是兴高采烈!好事的或者不懂得策略的 C.P.(高等 C.P. 语),也还有一些真正的群众,提出了模仿咸宁、蒲圻的"杀……抗……没收"的办法,把穷朋友们闹得一个争先恐后,还想打出一个穷人的天下,真的杀……抗……没收,并且"分"起来了!

(二)斗争中之种种色色的组织和武装

阔人老爷们有阔人老爷们的组织,穷苦的朋友有穷苦朋友们的组织。

阔人老爷们的最有力量的组织是枪会,并且起初都是"打不死"的群众,也有些"爹"字辈的阔人老爷。户首、族长们号召子弟兵(借用名词),也是放炮都来,锋不可挡。穷苦朋友们的组织是协会(乡人称农民协会为协会），秘密的"胁富会"，有刀枪和来复枪的"防务会"，"义勇队"，及专门杀土豪劣绅的没有名义的团体（如麻城，但近亦改名义勇队）。

黄安、麻城现在都没有土豪劣绅武装的人民自卫团和民团。这些人民自卫团（如黄安南乡之八里塆与麻城南乡之白杲铺）的快枪都已被魏益三拿去扩充实力去了，那些团长都各各官封连长或营长。这些阔人们都各延老师兴办红学（即枪会）而变为学东。黄土岗的豪绅相继办了好几十堂红学，这些红学受过县长的嗾使去打过乘马岗之"赤党"，县长帮助过他们18支快火〔枪〕，宋埠、白杲街上的大老板和乡里有钱人各自竭尽全力大批雇用和强迫学徒、雇农、长工以及站柜台的先生们学习，要锻炼出"打不死"的本领，以为阔人老爷们的"保身保家"，"打倒赤党"，"压迫造反的佃户和长工"之用。

"协会"是只对敌枪会，各乡都好像没

有听着什么"停止活动"似的，不管三七二十一的纷纷成立乡农协会和"分部"（国民党区分部之意），也不管这些"明哲保身"的冒牌 C.P. 先生们跑与不跑。记得麻城有一个很苦的佃农，约了几个他自己很可靠的朋友，把自己的老板杀了，他打了一夜锣，召集他那一乡的人要来开协会，第二天他又亲自到各家邀请开会，如是者再，而乡人均各持武器前来，并且很高兴的接受他的主张和办法，黄安也有很热心的穷苦朋友要召集协会开会，没有开成。他非常气愤的对符向一说："同志！我们众农友，无产的干净，又不明亮〔了〕主义，开了三回都开不成！请同志讨论一下！"他们从模仿咸宁、蒲圻的办法以后，差不多各乡都有正式的协会或非正式的协会与黑腿杆子的农民代表会，还不到二个月的时光。

"胁富会"这个东西更是表现出最贫苦的佃农、雇农之组织的天才，也可以表示农村组织之神秘性。这个东西的发生可以说是贫苦农民感受野蛮的待遇和十二分贫困之反映，也是贫苦农民直〔自〕觉的组织之一种形式。他们是顶贫苦的农民的集合，简直是有一亩田的都不要加入这个组织，是鬼也不知的秘密形式，他们有自己的"俚语"，以保其秘密。在黄安，这个组织直到农民政府成立还是存在和发展的。在一个"反对富人"的观念之下，它的革命情绪实在是比任何人都坚决些。

"防务会"和"义勇队"现在在黄安已经普遍了北乡之七里、紫云两区，而发展到城区、桃花区、甚至于极南端之八里区。"防务会"是每区有一个，区下之乡又有一个"分会"。它的组织是在血战中最勇敢的而被协会或代表会所推举指定的，管理它的区域内之军事和筹划武装并指挥义勇队。"义勇队"是含有军队色彩之组织，每个义勇队员都有来复枪一支及管刀一把，以为冲锋陷阵之用。每乡至少有义勇队员 20 名。到临战时则全乡男丁都武装从征，甚至女人亦拿竹竿之类的武器在后面"呵嗬，呵嗬……"的喊杀。

最后，阔人老爷们更是妙想天开地说："你们兴共产，这是不好！我兴无政府，我兴保产！比你们还革命些！"这些阔人老爷又请了几位受过上海教育的大学生组织了一个什么无政府保产党，以与贫农的组织相对抗。

（三）斗争经过之概述

1. 杀豪绅地主及其工具红学——减租

在麻城、黄安两县今年未停止活动之农协曾有宣传，县长和豪绅也各自出名闹成了一个减租宣传委员会（其中也有冒牌的 C. P.）。但是地主的答复是："不亏苦你们，照去年纳租！"豪绅、资产阶级利用国民党的改良主义的好听政策以欺骗农民。农民说："今年不纳租刚够吃！""横竖我们是杀过了人的!"咸宁、蒲圻的办法好!""不完租!杀人!"农民如此觉悟。杀!杀!杀红学!杀土豪劣绅!不完租!分田地!革命!争先恐后的杀,好像今天二区杀了两个土豪,而一区只杀了一个是很落后似的!若是一个也没有捉着和杀死,直觉着是很不名誉的,许多人一定要因为这件不名誉的事而不瞌睡!

杀土豪劣绅,杀土豪劣绅的红学,只有比红学长些的枪和短刀,鸟枪还不大好(他们因为红枪会之枪杆甚短,备置了一丈多长的枪杆,与红枪会接战时用"硬戳"办法。故红学戳不到农民而农民之长杆枪可以戳死红学,因此红学说:"农民协会的枪是龙枪。"又说:"农民协会的犁头旗为龙旗!""我们龟蛇五虎将一定打龙不赢!")来复枪可打得远些,人人都想打一支来复枪,要打来复枪就要去找土豪劣绅出钱,去捉土豪劣绅。我走到麻城北乡第十三乡农民协会时,十几个农民正在烤火开会,讨论打造枪和开大会，到了天将亮的时候捉来了两个土劣，据说这是昨晚议定了从 20 里以外捉来的，当晚捆在树上罚了 140 元，并且马上把 140 元派人拿去黄安打枪，那两个土豪仍在挨打。

黄安的农民和麻城北乡的农民杀红学杀了差不多 1000，杀来杀去杀了 30 多次。杀了红学 1000 多人，这是农民十分勇敢的铁证。但是土豪劣绅的宣传说是"党部打红学！不了解 C.P. 的策略"，C.P. 也不知道明确的指出农民革命之出路去领导农民，只知道附在农民的尾巴杀红学（他们的勇敢可敬）！以后咸宁、蒲圻的办法来了，农民才知道他们的办法了。他们不分昼夜的去捉土豪劣绅，他们捉土豪劣绅不分大小，均是科罚、烧房子、分田（主田归佃户）。他们很勤快的侦探反动派，很敏捷的捉土豪劣绅，很勇敢的打土豪劣绅的红学，闹得土豪劣绅大的络绎不绝的跑道汉口作寓公和"告状"，小的也纷纷逃奔戚属或者跑到土匪窝里求保镖，结果只剩下一部分很乖觉得土豪劣绅摇身一变而钻进了农民协会，甚至钻进了 C. P.（麻城、黄安都有二三百亩田的 C. P.），以求得其个人之保障而做土劣之复兴运动（如农民因田亩发生争执，他们说："横竖天下还没有一定，争么事！"）。这些想做三朝元老、复兴大将的土豪劣绅。现在被农民很不客气的砍了几个，还正在搜索中。总之农民对土劣并没有丝毫姑息之心，只要乡协或分会说这是反动派，那便马上对他不起的。他们已经打破了极深的宗法观念，他们彼此称呼是"同志"。

2. 红学内部的分化及我们的策略——后来农民把"打红学"加了"学东老师"，变成了"打红学的学东老师"。红学的打不死的群众也觉得"打不死"是骗人（已经被打死了千把人）。同时学东老师打了赤党，结果收稞租还更厉害些。"打不死"的群众便说："谁说打不死？"又说："乘马岗、七里坪他们打了起来不完租，又有田！"于是红学群众造反了！杀学东老师！

11月20日，光山红学派代表30余人向农民会求和，并且表示愿受农民会的指导，特委乃派同志用农民会代表名义前往接洽，并向他们做了一个详细的政治报告，指示贫苦农民的出路，只有暴动起来杀尽土豪劣绅地主，没收其土地与财产。他们听了报告后非常高兴，要求派专人指导他们的工作。至此，我们愈信枪会系贫苦农民的组织。内部宣传其群众的工作十分重要，我们的政策也就改变一个方向。

3. 攻七里坪——农民与红枪会经过了许多次的斗争，到底收伏了红学，其胆愈大，其气愈壮。一日探报来说："三十军有一营人在七里坪。"在座农民连忙自告奋勇说："我们去缴枪！"乃决定于11月10日由麻城调一部分快枪帮助黄安农军去缴七里坪三十军一营的枪。当时三十军部队弱兵极多，战斗力极弱。我们准备于 10 日晚召集农民携带快枪队扒城围缴该军的枪械，到观〔音〕阁（离七里坪十里），马夫走漏消息，三十军早有准备，一面派人赴县城求援，一面开南门逃走了。

次日，我们进城（七里坪的城），杀豪绅地主肃清反动派。在这次暴动第一次进攻军队之时，农民群众愈加看出敌人的软弱，认识了自己的力量，他们的革命勇气更加百倍，同时引起进攻敌人的决心。县城所驻之三十军一团人，见七里坪农军声势浩大，乃不敢抵御，抱头而逃黄陂。

4. 攻县城——11 月 13 日，由河口侦探回来报告说，三十军又开一团人到县城，我们准备于该团到县城时缴其枪械，因为他们远道疲乏，又值进县城毫无布置，我们可以少数力量对付一切。其时我们已令麻城派一部分快枪队前来帮助，又于紫、七两区召集千余精锐义勇队，于晚 10 时出发。行至离县城10里地方办〔搬〕了四个梯子，于翌日早4时由县城西北缘梯而上，由盒子炮快枪队打先锋（农民精神非常兴奋，内中红学农友在离城半里之遥，均饮水拍肚，挺枪横行，直爬城上。此次只牺牲农友一人），义勇队继其后，令熟悉敌情者探得敌军驻扎所在，开始缴械，放枪数响毫无动静，始知该军还没有到，仅派副官差遣数人来城布置驻军地点。结果只缴了公安局的枪30余支，捉得县长贺守忠、司法委员王治平、改组委员等三人，土豪劣绅15人，并没收了县署改组委员会等一切财物（子弹90箱，被子百余条，军钞数百元）。张贴鄂东革命委员会的布告，宣布此次暴动的意义并要商家照常贸易。到下午4时得西边侦探报告，说三十军之一团已进离城20里的地方，我们感觉一日一夜的疲劳，同时县城群众尚未起来，恐难抵御，故决定首先将枪支、子弹、被子等运往后方七里坪，同时将贺知事、王委员等执行枪决。至晚6时我军由北门出城，而三十军亦刚由西门进城。三十军听到我们出城的消息非常惊恐，马上把守四门宣布戒严，因各机关破坏，无人招待，兵士四出抢米抢柴。是夜该团通宵未睡，全体武装守城，时时吹号，以防我军反攻。

5. 农民政府之产生、成立及其影响——我军自第一次攻县城回七里坪以后，乃组织黄安农民政府筹备处，目的在借此向全县农民作一政治的号召。筹备处的组织由特委和县委指定由各农民首领作委员（共九人）。15日得县城侦探报告，城内驻军畏我军异常，当晚逃跑，临走时在商家搜刮了很多洋钱。次日我们很有秩序的，并准备了许多标语，而且组织了宣传大队，使其前走，沿途向农民演讲，贴布告、标语等。其主要之内容为：暴动杀尽土劣贪污〔官〕，暴动夺取政权，组织农民政府，暴动实行土地革命，拥护共产党，打倒武汉政府等。我军离城一二里地，将要进城的时候，市民群众鸣炮欢迎，我军大呼口号，声势赫赫的前进。一般市民（小商人等在内）亦高呼"拥护农民革命军！拥护鄂东革命委员会！拥护中国共产党！"等口号以应和，革命空气非常高涨。

18日开农民政府成立大会，到会群众万余人，农民政府各委员（共九人全系同志，佃农占四人）正式宣布就职，主席曹学楷演说略谓："我们种田佬每年除了完粮饷送钱把大老爷，或者是被土劣贪官抓着打屁股、关牢和砍脑壳以外，再不敢进大老爷的衙门。但是今日我们种田佬、担粪的，公然自己组织政府，自己做起委员来了，这点证明我们革命的力量大，证明现在是劳农世界、无产阶级的世界了。"演讲时各处拍掌并杂以呵嘀之声。旋又有鄂南〔应为鄂东〕革命委员会（只有招牌，现已决定不要）代表刘某等演说，报告全国各地暴动情形。继则有党的代表符某演说，此次暴动是 C. P. 领导的，并报告本党的暴动政策，告诉工农阶级只有 C.P. 能为他们谋解放，只有 C.P. 是工农救苦救难的菩萨，本党欢迎劳苦农友入党云云（当时在会场报名入党者数十人）。至此会场热烈已达极点。农民自动起来演说者十余人，最后高呼"农民政府万岁！拥护鄂东革命委员会！杀尽土劣贪官！拥护中国共产党！实行土地革命！"等等口号。将散会时枪决土劣数人以示威，群众痛快异常。

当日，农民政府发出通电、告民众书。鄂东革命委员会，县党部（？）均有告黄安农民书，约数万份。红布标语布满全城，把个黄安城变成了红城。第二日、第三日黄安各区纷纷开庆祝大会。在七里坪、紫云区到会两万余人，均带武装；在紫云区有 300 多农妇参加；桃花区到会万余人，惟武装不甚齐备。统计各区庆祝大会的群众约 7 万余人。麻城农民闻黄安农民政府成立后，派 21 个农民代表（三两个知识分子，余均农民，同志只占六人）前来庆祝，农民政府与司令部及党部开了许多欢迎大会，代表到七里坪即欢迎起，彼此革命情绪异常热烈。麻城代表说："你们已经抓到了权柄，故有今日这样的好处，我们回去也一定照你们这样去抓到权柄！"又说："黄安办得这样好，是因共产兴得好，我们不怕共产，只有共产党能够代表我们的利益。不赞成共产我们不得来，来了就不怕，我们都愿'上名字'（加入共产党)！"于是在党的欢迎会上，农民代表全体签名入党。

此外，农民政府的成立，给附近各县农民以非常的煽动。黄冈、罗田及河南商城等处农民都纷纷准备派代表前来庆祝。

6. 向南发展——县城南路八里区和永河区一带与长江接近，黄安县之大土劣、地主等都集中在这个地方，常常利用贫苦农友组织红枪会，以保护其财产，阻止革命风潮之侵入（与黄冈接近之处即肖耀南家乡所在，肖宅有田500石，每石收谷共20石，枪械极多，听说有1000支埋在地下）。县南土劣地主之组织非常厉害，我们派人工作很难发生效力，并且此地土劣地主等格外聪明，手段毒辣异常（无政府保产党即发现于此间），看见七里坪农民抗租，他们就欺骗一般佃农说道："今年的租不要你们还！"一般佃农均受其蒙蔽，发生对他们主人是"慈善"的幻觉。

在这种情形之下，我们认为向南发展，如果不用快枪队去作南路农民的先锋，绝对不能发动南路的农民，以消灭豪绅地主的势力。其时符某已去麻城，黄安工作仅有刘某负责，刘由北方七里坪带义勇队百人分为两队来此，现已到县十人。

11月26日，特委命令鄂东军第一路司令潘某率领全路快枪70余支，并驳壳队，准备了农民政府许多的宣传品，组织了宣传大队，很有组织、有计划的向南发展；同时特委命令南下各同志准备一个星期的工作以组织多少农民，杀多少土豪劣绅，烧多少土豪劣绅地主的房子，没收多少财产土地四项为核算标准，并且鼓励他们积极斗争，于最短期间达到夺取政权的目的。南路诸同志自告奋勇的出发，经桃花区至八里区烧了几家土劣的房子，并且捉了一个大土劣家属男女老小七人，并没收了三四千块洋钱，当即回县城。这个土劣是黄安最大土劣之一，故农民政府决定罚他 7 万元之后并斩其首级。

此时，南路农民见农军南下非常高兴，各持手棍、矛子、扁担之类协同农军打土劣。次日与八里塆土劣的红枪会一堂（约百余人）作战，我农军攻打红枪会素有经验，当日打死红枪会过半，并缴了他们的枪 50 余支。此地红枪会素未经过战争，他们以为红学可以抵当〔挡〕炮子，刀枪不能入，此次战争后，死之过半，迷信既为打破，该红枪会组织亦因而瓦解。

八里塆有 4000 余农民开会，举行暴动。四处杀土劣，烧土劣的房屋，甚至不论老少男女，以至南门一带土豪劣绅纷纷逃命。

7. 农民政府成立后之第一次危险的度过——农民政府初成立时，许多同志、许多农民很观望很犹疑，以为不久政权就要塌台的。黄陂三十军原想占领黄安，屡被我军驱逐。当我军南下之时，城内空虚，仅刘某带 60 个义勇队和麻城调来 18 支枪守城。因我军实力太弱，乃虚张声势，将义勇队分为四大警备队，把守四门，快枪队时常在街上逡巡。当时盒子炮只有两支，各队长轮流佩带，上街招摇。城内秩序异常安宁。次日下午 4 时得河口坐探回报。河口土匪买了许多草鞋，准备开差。当由刘某召集在城负责同志磋商办法，预料该匪等向西、北、南三方均无出路，他们一定是趁我军南下，县城空虚，趁机进攻。是日决定下午 4 时半闭城戒严。至 9 时刘某巡查各门步哨，至西门时，听见近城乡村群犬狂吠至一点钟之久，同时犬声越来越近，竟到城外街边，甚至有几个狗叫到城门口来了。刘某用手灯照探见有一、二人影乱跑，此时已证明土匪业已逼城，遂立刻下令各队长严防，并令城门钥匙由队长保管，非得留守司令的命令不得开城。同时又令各队长多放步哨，经常巡查，不得擅离本位，切实负责执行，以防不虞。及至夜1时刘某巡视各城门，犬声已息，推知此时匪已达目的地，当在休息，作攻城之准备，至5时半天将亮，并未见土匪动静，刘某乃下令8时开城（平时6时开城）。命令刚刚传到西南门，西北门已有两个土匪各挑一担箩筐、冒充义勇队招待处的大司夫〔师傅〕，声称要出城去买萝卜。南门也有十几个人背着包袱，声称出城赴省，催开城门。守城义勇队答已奉刘司令命令，8时开城，此刻时候未到，不能开城。不久（约6时）土匪已在西南门攻城，当时刘某集合快枪队，其时司令部卫兵已受伤（中枪弹），始以为土匪已全体进攻，继接西门探报知土匪尚在西门攻城，乃令廖队长带快枪队前往抵抗，西门有廖队长可以无忧。再南门进攻甚急，恐有闪失，刘某遂留五个快枪队救护南门，乃至中途迂着南门吴队长报告南门非常危险，刘某则急赴南门，见有四五十个土匪，一面打枪，一面用五个梯子扒城。当时吴队长向敌人打了一排盒子炮，打死了两个土匪，但土匪仍是很勇敢的扒城，当时万分紧急，刘某将所带之手榴弹一枚，向匪投炸，炸弹虽未发爆，但将土匪勇气打消并吓跑，各避逃城外街巷，危险始解除。

怕土匪计攻西、南两门，而使我主力军来应付，乘机由东、北门扒进。当时刘某即赶到东、北两门，情形尚好，负责人尚未逃散，当命他严加防范。

当时南门土匪将城门口的毛栅推倒烧城门，全城兵士见之异常恐防〔慌〕，但这火力甚薄，难以将城门烧开，刘某当此危险之际，即大作宣传云：南门我一炸弹打死了土匪十余人。并将毛栅炸烧。土匪飞不过来，不要紧，你们莫慌。这样很快的在城围跑了三个圈，将我们的义勇队和农友同志的心安定了。

同时，用白布吊下两个同志报信请救，一个走七里坪，一个走八里埫。

继则马上跑到大街上去，只见有少数义勇队同志及农民政府、县委办事员，不要命的乱跑。当时命义勇队同志各归各门去，至于农府的办事员，一起召集来，要他们立即办到以下几点工作：（1）赶快命农民政府下戒严令，怎样者斩……斩。（2）赶快召集城内工人纠察队各持大刀，巡查大街小巷，如有不法之徒，即就地正法。（3）赶快准备许多芝麻饼子、油条等类点心及热茶，沿城送给守城同志吃。同时继续造饭。

这样的我们农军在城上，土匪在城的

南、西门外的小街及小丘山上，轰轰的对敌，我们已经打死了土匪十几个，打伤者亦很多。我们看到城下打死土匪的枪，可惜不敢开城去拿。同时那天我们同志亦被打伤五个，幸受伤很轻，马上就送到基督教医院去诊治。

直到下午4时，土匪还未跑，同时他们在城外休息、造饭，将兵向北门移动。我们知道当晚土匪定有个大的总攻击。这时候我们的兵士同志已非常感觉困苦了，也在这种情形之下恐慌起来。

当时刘某在农民政府召集紧急会议，出席者有农府、农协及总工会诸负责同志，刘某立向到会各同志说，今晚土匪不退似有准备反攻之势，各同志怎样？各同志则面面相观，默无一言，刘某始提出"死守"的主张。刘某说："今晚如果我们要弃城而逃，我们未必能够安全退出，若要技术工作做得好，那么还可以守住。同时，我们如果就这样的弃了城，明天北方的农友来了和南下的军队回来了，岂不是笑话么？各位同志！今晚只有死守才是出路。各位听我的计划：（1）将东、南、西三门，用砖土塞起（限一小时办好），因三十军攻宋埠城是用洋油烧开的，如用砖土堵塞则不容易烧开；并各门用几个杀猪桶贮水预备着。（2）将商店所有的洋烛、灯罩买集起来，多多益善。（3）令工人纠察队在大街小巷时时巡查，以防藏在城内土匪作乱内应。（4）令店户于今晚门首悬挂灯烛。（5）多备茶水、点心、纸烟。"

不觉已7时了，天黑无星，土匪定觉此是攻城的良夜，我们当即令将灯火、蜡烛一齐点着，于城上每间六垛点火一支，用小方砖将火托着使火光照耀于城外，约可照100米达之远，于两火之间站义勇队同志一人，不打枪只伏于城上黑处，望着城外有无动静，并以北门城楼为总指挥部。所有农府、农协各长衫子同志，组织巡查队，轮班巡查。

于巡查时大呼口号，如打倒土匪，农民政府万岁，共产党万岁等，并大喊"呵嗬，呵嗬"！这样一可使土匪不敢轻进，二可使守城同志没有瞌睡。

这样空城计的布置果然吓住了土匪。他们以为城内有好的军事准备，不敢动作。是时城内乌黑，城外光耀，如同白昼。9时许，土匪猛击，经半时许始止，以后则都是慢攻。夜间一二时于城外各山林间常发现手电灯光，我们益加严防。

早5时许，闻城外枪声数十响，当即防其拂晓进攻，直至6时天已大明，始知土匪已退走了，城外旗帜已完全不见，同时城外小商人群来报告："土匪走了，昨晚在这里吃了许多东西，没有给一文钱！某店某店都抢得一空，同时他们死尸也都运走了啊！"

7时半只见北门外"呵嗬！呵嗬！"崩山倒海似的武装农友各持来复枪、长矛、大刀、台炮来了。原来由城吊下到七里坪报信的那个同志已被土匪杀了。这次来的许多农友都是他们听说土匪攻农民政府的消息，自动召集，星夜飞来援救的。我们马上开北门迎进，武装农友络绎不断的到了1万多人，差不多将个小小的黄安城塞满了。那天商店也放了不少鞭炮来表示欢迎。所到武装农友都异常高兴，同时非常愤恨土匪，说信太迟了，不然早天来已可将土匪解决了！甚有主张去追的。农府特别招待，决定明日8时开大会示威，并决定将城内前公安局警察20余人，此次勾结土匪攻城，在内响应，全数捕来，于大会正法。

是日下午4时，南下的军队亦回，他们自得了吊下城的同志的报告后，马上飞驰来救。

农民政府自此次将400余土匪（号称一旅）打溃以后，农友已认清自己的力量，知道武汉反革命政府派一团兵不敢来，派两团兵打不进，派一师兵未必有。同时，许多对乡村政权存观望之心的农友，在这时候也觉得农民有力量，农民政府可巩固了，他们也同样干起来，杀土豪劣绅地主，开铁匠会造武器。

在土匪攻城那日，有土豪劣绅率领流氓百余人乘机进攻七里坪区之古峰岭防务委员会，当时我们只有八个义勇队守会，这八个义勇队各执大刀、来复枪死与抵抗，卒将流氓打溃，并杀死数人。

8. 对任司令之"防御"——黄安农民轰轰烈烈闹了这么一回，三十军滚蛋了！但是卧榻之旁却有一任司令（12A——土人称任司令）在焉！一般同志或不注意任司令，或者怕任司令，省巡视员去黄安后，才在麻城、黄安一带宣传要缴任司令的枪械，以鼓起农民勇气。并具体计划经济封锁（集中粮食）和怎〔么〕对付的办法，并决定先缴黄麻间张店之任司令部队（并派另一刘某去视查地形和征调附近之农民，决定5日行动）。

因为对任只有以攻为守才是办法，空口防御是防御不了的。

（四）结论

黄安这一回事是一个很广大的群众的行动，它的历史和发展是能给我们关于现在乡村工作很多的经验，而值得我们研究的。这个报告因作者在仓促间草成，多未能详尽，就此声明。

在这一回暴动中，证明中央扩大会的暴动的策略是绝对的正确。这回暴动是一个自发的群众暴动，这回暴动是群众英勇的斗争。在这回暴动中表现群众需要暴动，群众需要夺取政权（黄安城攻下时农民毫不犹豫的杀官吏豪绅，坚决的要建立农民政府），以解决其痛苦。从暴动起，群众没有丝毫妥协畏缩的心理，也没有丝毫改良主义的倾向，这给我们乡村工作者多大的兴奋。

在这一回暴动中，党的责任未能完尽（真正有党的雏形直到现在不过 40 多天），尤其是党未能使这次自发的暴动达到最高的组织性（中央总策略输入黄安不过20多天），致暴动中表现很浓厚的无政府的状态。特别是政权形式的建立与工人之组织与兵士之宣传问题的不完备，使黄安暴动减少了不少的意义，以此以后之作乡村工作者值得特别注意者。

（1927年12月14日）

（选自中共中央党史资料征集委员会、中共中央党史研究室编：《中共党史资料》1982年第4辑）[1]

注：

[1]红安县委党史资料征编委员会编《黄麻起义》，1987，第76—90页。

中共湖北省委给黄冈县委的信

——关于发动群众，组织暴动的指示

（一九二八年二月六日）

复兴兄：

你的报告收到，来的人亦接了头。省委对于你们的报告，希望以后更加详细，尤其要注重说明农村中许多实际情形及困难和一般的组织状况和我们应付的策略等等。你们这次报告，多偏重于军事方面发动争斗等经过，这样不能使省委有很充分的材料根据加以详细的指导，大体上就目前所能观察到的有以下的指示：

一、我们目前工作的目标是继续的[地]扩大群众骚动的局面，这个群众骚动局面的造成与发展，要不仅是在黄冈，而且要遍及到蕲水、罗田，因为必须如此，才不致使黄冈现有势力陷于孤立。同时我们由这种骚动便可马上造成乡村的割据局面，夺取武装，组织正式工农革命军，加紧军事的、政治的训练，也是目前工作重要目标之一（工农革命军的组织方法由巡视员面告）。

二、现在虽然农民因我们发动的结果，已经起来，但是他们不是由有组织的日常争斗不断发展起来的，不仅仅农民自身组织力量薄弱，而且我们的党的力量也不够去领导，因此非常危险。一方面在一种无组织、无计划并且无指导的骚动下，群众的行动成为无政府的行动，将来必会做出许多错误；另一方面没有坚强的组织，便不能久经战斗，将来敌人如果有军队打来，一打必散。因此我们目前必须从速将农民有系统而且很严密的组织起来，在一种有组织的状况之下去行动，才不致于发生大的错误和容易瓦解。但是要群众是有组织的行动，必须要党去领导，所以目前要加紧党的工作，不仅是要尽量的发展广大的、吸收勇敢的贫农、雇农、佃农分子加入，作党的中心来改造党，而且要将党好好的组织并稳定起来，多开支部会、党员大会等。

三、凡在群众已经起来的乡村，马上应该组织乡村的苏维埃，并迅速准备开全县工农兵代表会，成立临时县苏维埃，以号召全县的暴动。

四、农民群众要求司令部的公开，我们应该公开出来号召群众，名义即为工农革命军第六军；对于党员不应全数公开（一部分不能秘密的领袖当然可以公开），以准备万一敌人势力到来，我们尚可继续工作，不至完全坍台。

五、对于进攻县城与团风的问题，非常重要。解除敌人的武装，武装我们自己，都是很急迫的问题。我们应先将军事的技术等有相当的准备，才能发动。所以我们应加紧的在几日内准备好军事技术和广大的群众力量，开始进攻敌人，作缴械的工作（至于先解决县城或先解决团风，由巡视员来会同你们斟酌实际情形决定）。

六、蕲水、罗田，即由你们就近派人去发动群众，此间无大批的人可派，惟军事人才党得即尽量派来；同时黄冈、蕲水、罗田三县，设一临时特委管理三县工作，书记指定邱群生同志，其余的委员你们会同巡视员共同决定好。你们所要的枪械，你们交来的钱可买两枝外，省委借给你们三枝，其余省委无力办到，你们可尽量的收集旧式武器，作为基本武器。

七、省委特为你们目前的工作，特派傅〔符〕向一同志前来巡视，就近指挥，你们可与向一同志详细讨论。

曾道正[①]

二月六日[②]

注：

①中共湖北省委代名。1928 年 2 月 16 日改为"杨光宗"。

②中央档案馆、湖北省档案馆编《湖北革命历史文件汇集（一九二八年）》，1984，第 224-227 页。

符向一在省委常委会的发言

  编者按：符向一，中共湖北省委常委，化名胡一。1927年，符向一先后参加领导鄂南暴动和黄麻暴动，有丰富的斗争经验和教训。在省委常委会上，他秉公直言，有理有据，体现了坚强的党性和较高的理论素养。在发言中，他支持中央暴动"以湖南为中心"的政治决议，服从中央的人事安排。他建议中央和湖北省委对武装"割据局面"作布置，建议"从支部改造起"加强党的干部队伍建设，建议"党的问题少说话，多做工作。"他反对乡村"流寇式的斗争"，反对"下乡参观农村暴动"的形式主义，等等。这些发言，是难得的宝贵历史资料，有助于了解符向一在湖北的革命生涯。为此，现将符向一在历次常委会的发言，及相关的领导讲话、决议汇集。同时，加上小标题，并对重要人物和内容注解，以方便阅读。

一

1928 年 1 月 20 日，中共湖北省委第十六次常委会，罗迈①关于时局与政治形势、湖北省党内问题的报告及讨论。

关于时局和政治形势

胡一：

中央指示，已很详细，各方面都已说了，但对于割据局面如何布置，还未说出来。

暴动中心问题，中央还是有点动摇，说广东、两湖是暴动中心，又说上海不亚于这三省。湖南经济、交通、政治都集中，党也较好，在两湖暴动中，我是赞成以湖南为中心。

湖北党的干部，勉强可以够分配，革命群众亦可以担任湖北的暴动，惟党的组织，不及湖南，在我参加几处暴动的经验中，多半是群众暴动，党员不暴动。

党内问题：太雷②走后，干部都带走了，农协、党部的人都走了，鄂东更走得干干净净。只有鄂南，当时是我巡视，留下未走。省委对暴动指示，通告可说没有，但实际工作是有的，鄂南的暴动，党及群众都各处开代表大会，说鄂南暴动无群众及党，这是没有到过鄂南的人说的话。说省委没有决心及无详细计划也不是事实。鄂南暴动计划及湖北全省暴动计划，我看比现在的省委暴动计划要详细，鄂南暴动失败后，跑了几趟，没有跑通，不是未注意鄂南工作。

说省委只是笼统的说游击战争，这是不对的。以后望中央对于技术工作要注意，先来信说，特委在工作中有错误，现在又说没有，是技术上写信的错误。这样，将令同志感觉到还说中央在怕同志，怕说出同志的错误来的，因为我承认同志中还有许多带有小资产阶级感情作用。

…………

罗迈:

……胡一说的当时省委的情形，都是事实……③

<h1 style="text-align:center">二</h1>

1928 年 1 月 25 日，中共湖北省委第十七次常委会，关于政治形势和湖北工作的讨论和决议。

关于政治形势和湖北工作

胡一:

我的一句结论，是湖北革命将要流产。在革命前途上，因客观的条件很好，结果就成为无动不暴，鄂南、黄安及省委现在都没有注意组织的错误。过去省委，不注意组织，现在新省委有两月了，工作在何处呢？没见做好。就是常委五个人，也有五个意见，罗迈说乡村割据不成问题，我看不然。现在总的倾向是：乡村变成流寇式的斗争，三镇变成青红帮的斗争，党变成国民党的斗争，这样下去，革命是要流产。中央还未将如何才能造成割据的局面指出，省委亦未讨论及此。我的意见，党的问题少说话，多做工作。现在又说要到乡下去，但去呢，图个人活动，将来开扩大会时，不受攻击，好做常务委员，这是不好的。

…………

罗迈:

……胡一说的，乡村流寇式的缺点，值得注意。……④

关于湖北省党内问题

胡一:

扩大会后，在乡村的都说我打死了，但在此地的，现在又有许多人说我是罗亦农⑤的死党，要活动开代表大会，自己当书记。但以前我是说过要开代表大会的，总暴动一来，我就没有说了。今天当罗迈同志在此，罗迈同志的意见，我是赞成的。以后如谁说："胡一是罗亦农的死党"，"活动开代表大会"两句话，就要归谁负责，特此声明。

决：

以后对党内问题不准讨论。

关于省委组织问题

胡一：

候中央来信再决定。

决：

常委若七人，伯庄⑥来，由伯庄任书记，其余人选，候中央来信决定。

三

1928年1月27日，中共湖北省委第十八次常委会，讨论干部和各县工作问题。

关于黄梅工作问题

胡一：

（1）特委和县委没有联络，县委无工

作，只特委去做。（2）军事技术，没有做好。有此二因，所以完全失败。

广济有一师人的枪，散在农民中间，此时还有三十支枪，他们可以在九江购买子弹。⑦

关于修改重要决议案

胡一：

（1）大中学关系，应加以说明；（2）汉京粤汉两路，在总的行动中很重要，还须说详点。

胡一：

土匪策略：（1）升官路线，是只有一二百支枪时，不愿受编，要到了有枪支五百支，能得旅长头衔时，则就受编。改编后，胜则来，败则跑了。（2）发财路线，是利用土劣的、军队的及我们革命名义，以去绑票，并不是用土匪名称。（3）对土劣与革命关系，是两方利用的。（4）因此同土匪合作，一定失败，应取消灭政策。

胡一：

割据局面的条件有三：（1）政治的；（2）地理的；（3）党及民众的。因此有鄂东、鄂南、鄂西三处，鄂北、豫南、鄂北[8]六地。

罗迈：

割据局面条件为二。（1）政治的；（2）群众的。

四

1928 年 1 月 30 日，中共湖北省委第十九次常委会，讨论工运、农运、军队、苏维埃组织等决议案和省委组织与工作。

关于省委组织与工作

胡一：

我素来对高级机关政治指导服从，但对人就绝对怀疑，因在底下做工作太多，这观念太牢固了。说我在湖北有野心，这是没有的。我以为对人，要从支部改造起，否则工作不好，从天津调到湖南，从湖南调到湖北，这样下去，调来调去，就好了吗？

罗迈：

……胡一及德生下乡去巡视。⑨

五

1928 年 2 月 23 日，中共湖北省委第二十六次常委会，暴动中心问题和省委常委人事安排的意见等。

关于暴动中心和人事问题

胡一：

讨论一下是好的，地点都有问题，不好多开会，且与各方工作有关系。

…………

胡一：

有些同志说省委有独立的倾向，因为不痛快的接受中央政策和遵照中央〔意〕见调开贺昌⑩。

…………

胡一：

1.政治决议，不是同中央不同的，惟中心问题，仍以为湖南为中心。修改为以湖北为中心，我不同意。2.工作布置，我是与旭同意的，水国水国要连起来，中央是联合布置的，不是丢开湖北，也不是丢开湖北、广东，是对的。至于政治的问题本同中央一样，又说中央的不好，因此有独立形式。3.留贺昌是我同意的（特派员提议），又来信调，我你〔们〕又要留下来，在下级干部同志号召不动，好象贺在常会中操纵一样。仲丹⑪在扩大会主席团，要查办，一面提林一面反对中央派任旭，为工作留贺，结果问题发生了，只有不留。

....

胡一：

应避免人的纠纷。

....

奇音：

人的问题提议，我从今天起退出常委，

由中央解决。

一羽⑫：

……中央派我来，并未说明我加入常委，且未说要我加入省委，来此省委要我参加，至我参加与否无关系，在工作上讲，还要留贺昌，如因留贺昌而引起纠纷，当然可以走。

…………

胡一：

1. 贺离。2. 任⑬如不肯参加常委，也可以。3. 中心问题让中央解决。4. 一羽事我不提。

黎宇：一羽因工作需要仍参加常委。

决议：

A. 中心问题省委维持原有意见，同志有意见写信寄中央，党中央解决。

B. 贺昌同志为避免引起内部纠纷，便利工作，遵照中央来信起见，特允许离开常委。

C. 黎宇暂理军委事务。

D. 一羽照常参加常委。⑭

注：

①罗迈即李维汉，临时中央政治局常委，中央巡视员。

②太雷即张太雷，1927年5至7月任中共湖北省委书记。后任临时中央政治局候补委员、中共广东省委书记、中共中央南方局书记，领导广州起义。

③中央档案馆、湖北省档案馆编《湖北革命历史文件汇集（乙种本·一九二七年 —— 一九三二年）》，1985，第43-46页。

④同③，第52-54页。

⑤罗亦农，1927年7至9月任中共湖北省委书记，领导鄂南暴动。后任中共中央长江局书记、中共中央政治局常委、中央组织局主任兼中央组织部部长。

⑥伯庄即刘伯庄，化名黎宇。1928年1月21日到汉口，任中共湖北省委书记。

⑦同③，第61页。

⑧原文应为笔误，拟为鄂东北或鄂中。

⑨同③，第76-77页。

⑩贺昌，化名奇音，中共湖北省委常委。会后，以中央代表身份赴湖南工作。后任红军总政治部代主任、中共中央北方局书记、中央军区政治部主任。

⑪仲丹即林仲丹，原名林育英，化名张浩，时任中共汉阳县委书记。会后，以中央代表身份赴湖南工作。后任中共满洲省委书记、129师政委、中央委员。

⑫一羽即夏明翰。原任中共湖南省委委员、组织部部长，兼任平（江）浏（阳）特委书记。

⑬任即任旭，中共湖北省委原常委，认为自己有"错误"，不宜参加新组建的省委常委。

⑭中央档案馆、湖北省档案馆编《湖北革命历史文件汇集（一九二八年）》，1984，第295-303页。

刘伯庄对中央给其处分的申诉①

（一九二八年五月八日②）

三、兄处分我的第三理由是："而伯庄同志竟于此时未经过常委决议，将全省工作交给一市委工作同志霍昆庸[锟镛]，自身临阵脱逃。"关于此点不仅不满兄的理由，而且发现故意捏造事实来陷人于罪。因为我来沪的经过已有报告说明，常委是允许来沪的，而兄竟这样不信任同志，以为我是扯谎，可以随便听未身当其事的人报告，而不相信我的报告，那有甚么办法？我前已报告过，茂怀走时大破坏才开始，所以许多紧急状况他还不知，当时明翰、向一都在，尤其是明翰主张我来沪一行，那时的理由是恐怀兄来，兄方不十分重视湖北问题的严重，经济问题无法完美解决，则湖北工作非常危险，要我来亲自与兄交涉。我来且可直接与毛子交涉，如湖南资深前例可得一批款回去解围。俟后听说兄方交通已来，且带有钱，在未会得之前，已决定不来了，此事昆庸［锟镛］亦知道，我也允许不来。但与兄方交通接头的结果知道钱是河南的，湖北一文没有。虽说难了兄允拨九百元临时应急，但区区之数绝不能使湖北省委脱险。因此我又重新提议来沪这个提议，因我不能直接到向一处去，向一也不要我去，是由昆庸［锟镛］、陈声煜转达的，结果向一同意了。那时明翰已被捕。当动身的那下午，向一亲到我的地方来，又同他谈及，他又当面赞成。我还交了两百元给他，不过因无行李，还未预料当天能否动身，所以钱还未交完。到了午后五点汪旦然已将行李给我买好（买行李事向一还告诉汪买的手续，并告诉他如何送我上船），晚九点才上的船。如何说我不得常委允许私自脱逃。至于说我私自将全省工作交给昆庸［锟镛］，更没有已经正式交给他的事实，只有一次谈话。这次谈话是假设的办法，因为我走的以前第三天下午会着向一，向一来向我要钱给穆清打电报，共需四十余元，我身上只有二十元，不足之数他说当晚到明翰处去取，因此，我知道他必去找明翰。但第二天上午知道明翰被捕，我深恐他不知道去了，也同时被捕，因此同昆庸［锟镛］谈，一方〔面〕要他去通知向一，另一方面我谈到工作问题，如果向一竟在明翰处被捕，则我更非来沪不可，因为不竟〔仅〕经济问题要解决，而省委组织问题，以及今后工作方针问题都要直接与兄商议。但如果向一被捕了，省委只有我一人，我走了省委工作自然要委托汉口市委暂代，并谈及以后暂时的工作是些甚么。我想假使向一被捕，我须来沪，那时接头非常困难，我须有一布置才走，是十分应该谈的。当时并没说他马上代理省委工作，还说如果向一未被捕，当然不成问〔题〕，还是向一代理书记，且交有钱要他转向一。到第二天知道向一未被捕，且会着了向一，又才同向一谈，当然与昆庸［锟镛］谈的话完全无效，原来也就是一个假设向一被捕的谈话。如果兄方要说这个谈话也是不应该的，那么我也没有办法，只好让兄施以临阵脱逃的处分，还有何话可说。③

注：

①本文为节选。

②原件无时间，此时间是文件戳记上的。

③中央档案馆、湖北省档案馆编《湖北革命历史文件汇集（一九二八年）》，1983，第334-336页。

中共湖北省委给中央的报告①

——白色恐怖中党组织被破坏和同志牺牲情况概略

（一九二八年五月②）

九、湖北的党在三月五号以后，由省委负责人起一直〔到〕下层下级党的支部，可以说几乎完全被屠杀。不但党如此，而 C.Y. 亦如此，三月五号，C.Y. 省委秘书处破坏起，到四月二十五号止，每日平均在武汉三镇枪决的同志有"六人"，党团牺牲了的干部同志在三百一十几人以上。符向一、夏明翰、黄赤光（省委常委）、马俊三（汉市书记）、魏人俊（武市书记）、任开周（省委秘书长）、石炳乾（京汉区书记）、刘镇一（鄂中特委常委）、向警予（省委宣传科长，女同志）、李书侭（京总工会主席）、陶久仿（京总秘书）、施季高（全总秘书）、唐鉴（C.Y.

省常委）、汪石名、柯良材、段萧、蒋友谅（省军委）、胡孟平（鄂中特委秘书）、赵瑾、万开元、陈永逸、陈子端、李浩琪（女同志）、朱连茗、魏连茗、黄金山、叶法亭、刘熙、田先梯、万松山、陈宝山（汉市常委）等都在此时牺牲的。

在这样的当前的白色恐怖之下，共产党员及其所领导的革命工农都是很壮烈的、不顾一切与敌人奋斗，直到被牺牲的最后一刹那，还是慷慨激烈的向民众宣传自己所信的主义及对中国革命主张。因此，一般民众颇为共产党员及革命工农临死的宣传所感动，反对军阀惨无人道的屠杀，甚至兵士也不愿意向共产党员及革命的工农身上放枪！③

注：
①本文为节选。
②原件无时间，此时间是根据文件内容判定的。
③中央档案馆、湖北省档案馆编《湖北革命历史文件汇集（一九二八年）》，1983，第 377-378 页。

史　志　资　料

中共琼崖早期组织的建立^①

　　国民革命军南讨胜利后，中共琼崖地方组织开始建立，并进入一个发展时期。在国民革命军渡琼前后，有三批共 200 余名共产党员和青年团员进入琼崖进行革命活动。第一批是在国民革命军过琼前来的，主要是国民党广东省党部和省农民协会的特派员及广州农民运动讲习所毕业后返琼从事工农运动的人员。第二批是在国民革命军中工作，跟随部队入琼的。主要有：第四军党代表罗汉、第十二师党代表兼政治部主任王文明、第十一师政治部主任廖乾五、第三十四团政治部主任伍锋等。第三批是在国民革命军过琼的同时，由全国总工会、国民党中央党部各部派遣到琼崖开展工运、农运、青运、妇运的特派员等。这些党团员到琼后，一部分留在府海地区，大部分到全琼各地开展革命运动。当时留在府海地区的主要有王文明、罗汉、廖乾五、伍锋、冯平、许侠夫、罗文淹、陈公仁、陈德华、陈垂斌、李爱春、陈三华（女）、黄昌炜、陈玉婵（女）、林尤璜、曹俊升、林平、柯嘉予、符向一、何毅、黎竞民等。到各地的主要有：琼山县是王天贵、王学汤、蒋习统、吴策勋，文昌县是周逸、李应春、谭明新、洪德云、祝家斌，琼东县是郭儒灏、雷永铨、王诗英、罗贤芬、黄昂、曹超、曾予颜、严英，乐会县是王绰余、王仲方、陈永芹、陈赞如、陈哲夫、何万澄，万宁县是符光东、林诗谦、杨树兴，陵水县是黄振士、陈直夫、王家寿、王克兆，崖县是麦宏恩、黎茂宣、陈世训，澄迈县是欧赤、黄善藩、刘青云、钟高明、蔡如宾、蔡永澄，临高县是冯道南，定安县是王会东、黎兰阶、蔡志统、郑长茂、洪正锦、徐邦云，儋县是张兴、邢诒昺、黄金容，昌江县是刘开汉、符倬云等。这些党团员在各地宣传群众，发动群众，发展党团员，筹建党团的基层组织。

1926 年 2 月初，中共琼崖特别支部在海口成立，罗汉任特支书记，委员有王文明、冯平、李爱春、何毅、符向一、柯嘉予、陈公仁等。特支成立后，就以战斗的姿态开展工作。[2]

注：

①本文为节选。

②中共海南省委党史研究室：《中国共产党海南历史（第一卷）》，中共党史出版社，2007，第 43-46 页。

符向一等在临高县
建立中共组织[1]

1926 年 1 月北京朝阳大学毕业生、共产党员王超，受党的委托，回到临高，负责筹建国民党临高县党部工作。5 月，召开国民党临高县第一次代表大会，选举产生第一届临高县党部。同年 5 月 12 日，在共产党人符向一、冯道南、刘青云、王超等发动下，在临高县城建立了第一个中共临高县支部。接着成立县农会、工会、学生会、妇女会、商会、渔会等群众组织，这些组织在党的领导下开展反帝反封建的斗争。[2]

注：

① 本文为节选，题目为编者所加。

② 《临高县志》编委会编《临高县志》，广东人民出版社，1990，第 267 页。

湖北省第一次农民代表大会在武汉召开①

3月4日至22日,湖北省第一次农民代表大会在武汉召开。武昌、汉阳、夏口三县农民协会的代表分别在大会上介绍了本县农协组织建立、发展的经过和农民运动情况,并向大会提出了拨款修堤、组织农民自卫军、请政府拨田给农民耕种、惩办土豪劣绅、建农民子弟学校、办农民银行等要求。大会通过了建立乡村政权、武装农民等35个决议案,选举陆沉、邓演达、张眉宣、陈荫林、符向一、刘子谷、蔡以忱、聂鸿钧、王平章、王邦耀等17人为执行委员。②

3月24日,湖北省农协执行委员会召开第一次会议,推选陆沉为委员长,陈荫林为副委员长,张学武为宣传部长,郭树勋为教育部长,蔡以忱为组织部长,邓演达为自卫部长，符向一为调查部长，张眉轩为建设部长，邓雅声为秘书长。会后，武汉市郊农民运动进入了新的历史阶段。据统计，到1927年5月，武昌、汉阳、夏口三县农民协会会员发展到近37万人，约占全省农民协会会员总人数的十分之一。③

注：

①本文为节选，题目为编者所加。

②选出毛泽东等8人为名誉主席。

③中共武汉党史大事记（1927年），http://www.whdsw.org.cn/dszh/610.jhtml，访问时间：2022年10月5日。

符向一支持惩治豪绅①

聂洪钧②

编者提示：地主豪绅陈理堂捣毁乡农协机关，被农民捕解县城，要求司法员主持审讯。司法员不愿提审，被群众打伤，并在县政府处死陈理堂。符向一随调查委员会前去咸宁处理。

次日，接中共湖北省委要我立即回省的电报，接着又接省委函告，说司法委员已向武汉国民政府和湖北省政务委员会等机关告了我，等等，要我赶紧回省暂为"避风"。我随即向省委写了一个说明事情经过的报告，提出如果省委要调动我的工作，我服从；如果为了"避风"，则我自有应付之法。不久，武汉国民政府和湖北省政务委员会接受司法委员对我的控告，果然派出了包括国民政府、国民党中央党部、湖北省政务委员会和湖北省农协等党、政、军机关和人民团体代表七人组成的调查委员会来咸宁。他们径直到咸宁县农协，要我说明打伤司法委员和打死陈理堂的经过情形。我简要讲了几点事情发生的情况后，即向他们声明："我是被告人，你们不能只是根据我的说明来判断这个事件。"我要他们向全县民众——工人、农民、商人甚至地主、士绅中去调查。并且，为了避免嫌隙，要求他们搬住到旅馆去，不要住在县农协。这些人离开县农协后不久，其中有符向一等两名共产党员特来会我，对我的强硬态度，他们都表示做得对。同时，他们告诉我，咸宁在汉的商绅蔡辅卿等也向国民政府控告了我，说汪精卫要下令通缉我。当时，我们都相信，只要有了群众，就完全能够粉碎汪精卫的通缉令和地主豪绅的进攻。

打伤司法委员和打死陈理堂案调查委

员会在各地调查了约半个月，乃告结束。他们向我表示："陈理堂罪大恶极，应该处死；司法委员会贪污受贿，包庇恶徒，引起众怒，殴打致伤，亦罪有应得。不过，于司法手续似有不合。但属群众运动，亦所难免……"

这样，我们这次反土劣反贪污的群众斗争取得了完全胜利。③

注：

①本文为节选，题目为编者所加。

②聂洪钧参与领导鄂南暴动。中华人民共和国成立后，任湖北省人民政府第一副主席、中央粮食部副部长。1964年当选全国政协常委。

③聂洪钧：《聂洪钧回忆与文稿》，中共党史出版社，2005，第83页。

符向一同意上山打游击①

聂洪钧

蒋介石、许克强、夏斗寅等叛变之后，以汪精卫为首的武汉国民政府和国民党一般上层人物日益动摇右转，国共分裂已势事所难免。咸宁农产品运销合作社两船麻于运往武汉途中，在金口被唐生智的李品仙部强行拦劫，已完全可见时局逆转之势。

已经是七月中旬之初，亦即国共行将最后破裂时前夜，符向一来了。他在传达中央《关于目前时局和党的任务》时，一方面讲国共分裂迫在眉睫；但在另一方面还是讲要力争"联合战线"不要破裂。当时，以陈独秀为首的党中央究竟怎样想，我们不知道。在讨论中，我们在场的人多数认为：我们应积极准备分裂，准备击退反革命国民党的进攻，打不赢就上山，坚决同他进行斗争到底。

因为在我们的下意识里，已经深感觉得，要争取"联合战线"不破裂，实际上是幻想，徒然妨碍积极准备同反革命国民党的斗争。

国民党公开正式宣布反共之后，回省不多天的符向一代表湖北省委又来到咸宁，传达省委要我们进行武装斗争的指示，并拟任我为鄂南区区委书记，统一指挥领导咸、嘉、蒲、崇、通等县的武装斗争。符向一同意我们"打不赢就'上山'，准备长期斗争"的意见。

…………

根据符向一传达的省委指示，我们即着手筹划以咸宁农军为主干，嘉、蒲、崇、通等县配合；在鄂南区委成立和与嘉、蒲、崇、通等县取得联系之前，现在先在咸宁成立四路指挥部，并建立了筹集军费和粮草等机构，以准备还击敌人。[2]

注：
①本文为节选，题目为编者所加。
②聂洪钧：《聂洪钧回忆与文稿》，中共党史出版社，2005，第88页。

中共党史记载鄂南暴动①

8月中旬，中共湖北省委派吴德峰、黄赤光到蒲圻，成立中共鄂南特委，吴德峰任书记。8月底，省委书记罗亦农亲赴蒲圻，召集各县负责人会议，具体制定了鄂南暴动计划。8日，中共鄂南特委集中农军近300人，在蒲圻中伙铺拦截火车1列，俘敌1个班，缴枪16支、子弹5箱、饷银3万余元。接着，蒲圻、咸宁、通山、通城、崇阳、嘉鱼等县农民相继举行暴动。9日，农军占领通山县城。10日，农军占领汀泗桥。13日，占领马桥、官埠桥。15日，农军攻咸宁失利。国民党军出动近两个师的兵力进行反扑，农军一部转战至湘北，一部在嘉鱼、咸宁边界山区坚持游击战争。②

注：
①本文为节选，题目为编者所加。
②《中国共产党编年史》编委会编《中国共产党编年史（1927—1936）》，山西人民出版社、中共党史出版社，2002，第483页。

军史记载鄂南暴动[①]

　　八七会议后，中共湖北省委根据中共中央《关于湘鄂粤赣四省农民秋收暴动大纲》，决定以鄂南为中心组织全省农民举行起义，并组成以吴德峰为书记的中共鄂南特委，组织领导鄂南农民起义。9月8日夜，中共鄂南特委组织农民约300人在蒲圻县中伙铺拦截火车一列，俘押车的国民党军士兵9人，缴获步枪16支、子弹5箱、纸币3.4万余元。接着，蒲圻、咸宁、通山等县农民相继举行起义，起义农民先后攻占蒲圻县的汀泗桥、咸宁的马桥等地，拆毁铁路，切断了交通。9月下旬，在国民党军一个多营的进攻下，起义军被打散，部分起义农民退入通山县南部九宫山区坚持斗争。[②]

注：

①本文为节选，题目为编者所加。

②中共咸宁市委党史研究室编《鄂南建立全国第一个县级红色政权研究》，中共党史出版社，2018，第331页。

湖北党史记载鄂南暴动[1]

　　8月中下旬，鄂南部分条件成熟的县区率先发动较大规模的农民暴动，拉开鄂南秋收起义的序幕。8月14日，共产党员彭制、叶重开率领崇阳农民自卫军协助洪下区数百名农民暴动，惩处土豪劣绅，没收地主财产，乘胜进占县城。20日，经与中共通城县委组织商定，崇阳农军化装为国民党崇阳县民团，里应外合，诱开县城城门，巧取县城，随后召开群众大会，处决反动官吏，成立崇（阳）通（城）农民自卫军，总指挥王武扬，参谋长刘继宋，党代表罗荣桓，下辖两个大队，分别由肖力、叶重开任大队长。下旬，国民党第十三军逼近通城，崇通农民自卫军主动转移，行至通城麦市，陷入重围，伤亡惨重，余部100余人在罗荣桓、叶重开领导下突出重围，抵达江西修水，后编入中国工农革命军第一师特务营，参加毛泽东领导的湘赣边界秋收起义。8月30日，中共通山县暴动委员会组织数千农民武装暴动，夺取县城，拘捕县长何雄飞及反动官吏9人。31日，成立通山县工农革命政府委员会，由夏桂林、叶金波任正、副委员长。为了不影响鄂南起义的整体计划，通山县工农革命政府派农军严守四境，封锁消息，仍以何雄飞名义对外发文；同时组织20多个小分队深入区乡，发动群众，打击土豪劣绅。[2]

注:

① 本文为节选，题目为编者所加。

② 中共湖北省委党史研究室:《中国共产党湖北历史（第一卷）》，中共党史出版社，1996，第234页。

鄂南党史记载鄂南暴动①

一、中共中央、湖北省委对以鄂南为中心的秋收暴动的部署

蒋介石、汪精卫叛变革命后，形势十分危急。1927年8月7日。中共中央在汉口召开了紧急会议（即"八七"会议）。会议总结了大革命失败的经验教训，批判了陈独秀的右倾机会主义错误，确定了土地革命和武装反抗国民党反动派的总方针，并把发动农民举行秋收起义作为当时党的最主要的任务，号召党和人民群众继续坚持革命斗争。会议提出了湘鄂粤赣四省秋收起义的计划，通过了《最近农民斗争的决议案》。

8月5日，中共湖北省委就制定了《鄂南农民暴动计划》。"八七"会议以后，湖北省委根据"八七"会议精神，在《鄂南农民暴动计划》的基础上，及时地制定了《湖北

省农民秋收暴动计划》。暴动计划决定，将全省划分为武汉、鄂东、鄂南、京汉路、鄂北、鄂中、鄂西等 7 个区。其中，鄂东区包括阳新、大治、鄂城、黄冈、黄安等县，鄂南区包括蒲圻、通城、嘉鱼、崇阳、咸宁、通山等县，并明确决定鄂南为全省暴动的中心。

为了组织好这次暴动，湖北省委议定了暴动的策略：我们党"应立即领导农民起义，杀戮土豪劣绅，打到[倒]土豪劣绅复起的凶焰，引起乡村间极大的骚动，用抗税抗捐以动摇武汉的统治，使其不能出兵江西及其他省份压迫革命，并进一步武装农民，抗租抗粮，实行全省大暴动，准备推翻武汉的统治，彻底消灭封建势力而建设农民协会的政权"。暴动的具体部署是：第一步，各区建立集中指挥机关，组织农民游击队。在鄂南、鄂东一带须特别注意集中武装力量，破坏水陆交通，断绝敌军运输及粮食的供给。积极鼓动农民抗税抗捐，阻止粮食、燃料出境，拒绝使用国库券和钞票。第二步，健全并扩大农民武装及农协组织，组织乡村间普遍的大暴动。大暴动开始即夺取敌人武装，占领财政、交通、警署、邮电等机关，彻底消灭封建势力，建立农民协会政权及农民军队。在斗争过程中，对会党及一切秘密组织，用"打富济贫"等口号设法争取他们。对国民党左派下级干部亦予联络。对反动军队，可鼓动士兵哗变。当反动军队进攻我们的时候，无力抵抗则须周旋转移，有力抵抗则应设法收缴他们的枪械。

中共中央很快批准了《湖北省农民秋收暴动计划》。瞿秋白、李维汉和省委书记罗亦农"在亦农家开过会，共同布置了湖北的秋收起义"。随后，中共中央又做出《关于两湖暴动计划决议案》，决定将两湖农民暴动作为全国秋收起义的中心，"鄂南开始之日，鄂中鄂西即须大暴动与鄂南联络，创成一独立局面，威吓武汉，又或以鄂南以攻岳州威吓长沙”，以“推翻武汉政府与唐生智的政权”。鄂南暴动不仅是湖北秋暴的中心，也是两湖及全国秋收起义的中心组成部分。

中共中央和湖北省委将鄂南作为秋收起义的中心，是因为鄂南具备许多有利条件。

鄂南地处九省通衢的咽喉。长江天险阻隔于西北，幕阜山脉环绕东南，中有粤汉铁路、武长公路，境内山峦叠嶂，林木繁茂。自古以来，鄂南就是兵家必争之地。东汉末时赤壁之战，北伐时汀泗桥、贺胜桥之战，均在鄂南这个战略要地一争高低。控制了鄂南，“在政治上既可以直接影响武汉，在地理上断武长路交通邮电，又可造成湖南军队与政权的恐慌，而有利于湖南暴动”。

第二，鄂南有健全的党组织及其坚强领导。第一次国内革命战争中，鄂南各县普遍建立了党组织。1926年，中共湖北区委为迎接北伐军，又派了大批干部到鄂南工作，使鄂南各县党组织的战斗力得到提高。1927年7月，蒲圻、通山各有党员500人，通城有240人，最少的县也有几十人。"8月底，鄂南党组织经过整顿，党员人数发展到2200多人"。各地党组织领导农民进行抗租抗粮抗捐抗税斗争，有的还建立了革命政权机关。

第三，鄂南农民运动蓬勃发展。经过第一次国内革命战争洗礼，鄂南农民受到了锻炼，革命积极性高涨。至1927年6月，鄂南6县农协会员达24万人，成为全国农民运动最活跃的地区之一。农民运动的发展，锻炼出一批农民运动的领导骨干。通山县农协会长夏桂林，由一个普通雇农在斗争中成为农民运动的优秀领导者，被选为中共湖北省委委员。在农民运动骨干的领导下，各县组织了农民自卫军，用武装保卫自己。全区农民自卫军有枪254支，成为秋暴的基本武装力量。

二、中共鄂南特委的成立和鄂南暴动

湖北省委提出秋收暴动计划后，迅速派遣党的领导人分赴各地，做暴动准备。8月初，省委派符向一等40余人到鄂南开展工作。并指定符向一在鄂南特委成立之前，主持鄂南工作。符向一到蒲圻后，在县城附近的月山庙召集党员会议，传达了党的"八七"会议精神与湖北省委的秋收暴动决定。会后，派出党员干部到鄂南各县工作。8月中下旬，省委又派吴德峰、黄赤光等前往鄂南，正式成立鄂南特委，由吴德峰任书记。特委机关设在蒲圻中伙铺的油铺汪家，统一指挥鄂南工作。

8月底，中共中央长江局书记兼中共湖北省委书记罗亦农赴鄂南，召集鄂南各县负责人会议，布置了秋收暴动事宜，要求各县在10天之内做好8项准备工作。"一、各县均召集代表大会，改选党的各级组织负责人，以保证新政策的实现；二、召集活动分子及支部大会，报告政治形势及新的策略；三、由各区农协或支派人召集农协会员大会，加紧政治宣传，散发短篇传单和标语，充分发动群众；四、恢复各区农协工作，进行抗租和打土豪劣绅等；五、加强农民武装的宣传，分区调查和集中武器，没有的设法赶制；六、调查各地武装土匪，县政府及各税局每月收入，土劣踪迹，大地主的土地财产等；七、加强破坏敌人交通邮电；八、准备旗帜、标语、口号等。"

各县负责人会议后，各县立即召开了党员大会、农协会员大会，具体部署暴动工作。各县集中武器力量，将农民自卫队改为农民革命军（以下简称"农军"）。在鄂南特委的领导下，农军以蒲圻、咸宁、通山、崇阳等县农民协会会员为骨干，其基本队伍为咸宁5路农军和蒲圻5路纵队。咸宁农军"由聂洪钧任总指挥，曹振常任副总指挥。下分5

路，每路之下又分支队、分队，每队五六百人至五六千人不等。第一路军司令曹振常兼，第二路军司令雷福清，第三路军司令胡再魁，第四路军司令钱云卿，第五路军司令胡守先，参谋长钱定荣。其余各级干部多由原工会、农民协会负责人及青年学生担任。"这支咸宁农军，以咸宁的柏墩、白沙一带为活动中心，进可以直逼咸宁城，威胁武长路沿线，退可以据险防守，在咸宁、通山、崇阳三县交界处活动。蒲圻农军由漆昌元任总指挥，王钟任副总指挥，辖5路纵队：第一纵队司令沈国桢，指挥枫桥、车埠、白菀等地农军；第二纵队司令汪小春，指挥杨家岭、琅桥、中伙铺等地农军；第三纵队司令刘艺吾，指挥羊楼洞、土城、新店等地农军；第四纵队司令李训斋，指挥来山、温泉、茶庵等地农军；第五纵队司令程浩泉，指挥石坑渡、金狮观、木兰山、大贵、双丘等地农军。

鄂南特委为了尽快壮大革命力量，在各

县组织了土枪队、梭标队、侦察队、交通队等农民武装，保卫地方安全，维护革命秩序，破坏敌人交通，镇压土豪劣绅等。咸宁的土枪队有3000多人，其中柏墩一地就有1000多人，形成了一股强大的革命力量。蒲圻300余农民组织起来，镇压了土豪劣绅4人。石坑、随阳一带的农民组织起来，打开土豪劣绅的仓库，把粮食分给贫苦的农民。通山县组织了1000余人的"拳头会"，与土豪劣绅组织的"宾兴会"开展斗争，抗交租债，斗争土豪劣绅。其他各县的党组织也领导农民武装打击反动势力，进一步动员和组织了农民群众投入暴动的行列。

鄂南特委根据省委的安排，从8月中旬起，首先在通城、崇阳、通山夺取县城，建立县政权的准备工作，点燃了秋收暴动的第一把火。

崇（阳）通（城）农军分为两个大队，第一大队是通城农军，队长肖力，第二大队是崇阳农军，队长叶重开，共约数百人。叶是崇阳农民自卫军的负责人，他以崇阳县团防局长的身份，智取通城县城。8月20日，"叶重开身穿崭新的军服，挂着武装带，骑着大洋马，几十名'卫兵'前呼后拥，押着一个自卫军'犯人'，来到城西门，大声嚷着要见通城县团防局的刘局长。门卫见是一个当官的，便将城门打开一道缝，放叶重开进去。叶重开递上印有崇阳县团防局长官衔的名片，佯称抓住了一个通城的共产党员，要亲自押交刘团长，门卫信以为真，把城门打开。叶重开带领这几十名'卫兵'径直奔进县衙，然后与早已守候在衙门附近的通城农军配合，不费吹灰之力活捉了民团团长刘秀波，缴了民团的枪。"当天下午，在通城县衙门召开了通城、崇阳农军成立大会，原通城县长、共产党员王武扬当选为农军总指挥，湖北省委派到鄂南组织农民暴动的罗荣桓当选为党代表。不久，向江西转移，参加了毛泽东同志领导的湘赣边界秋收起义。

"参加秋收起义的主力包括两部分：一部分是没有赶上参加南昌起义的原国民革命军第四集团军第二方面军总指挥部警卫团，在这支军队里有不少共产党员；另一部分是湖南平江和浏阳的农军、鄂南崇阳和通城的农民武装、安源煤矿的工人武装，共计约5000人，合编为工农革命军第一师。"这支部队9月29日到达江西永新县三湾村，经过三湾整编后，跟随毛泽东上了井冈山，为革命做出了重大贡献，这是鄂南人民的光荣。

担任通山县农军正副总指挥的夏桂林、叶金波，8月下旬率通山农军在横扫了县城以外的民团据点后，于31日一举攻占了通山县城。建立了通山县工农政府委员会，惩办了国民政府县长何雄飞及僚属等9人，收缴了县警备队及团防的枪支。

崇阳县农军亦以同样的方式击败了恶霸魏石峰纠集的反动武装400余人，占领了县城。

9月6日，湖北省委书记罗亦农第二次到鄂南，在蒲圻召开了200多人的会议。罗亦农听取各县汇报后，决定9月9日举行全区性暴动。

9月8日下午，鄂南特委获悉：当晚有列从武昌开往长沙的客车，内载饷银3万、子弹1.5万发，押运兵仅一班人。特委认为，劫下来可以充实我军弹药用费，决定派特委委员黄赤光负责指挥劫车。凌晨3时，列车到达中伙铺车站，黄赤光带领300多名农军，假借敌十三军查车之名，登上列车，鸣枪示警，缴了押运兵的械，共缴获步枪16支、子弹5箱、银元86块、纸币3.4万元。

中伙铺劫车成功，鄂南秋收暴动全面展开，打响了两湖（湖南、湖北）暴动第一枪。同时特委机关迁至新店，"拟同'人民自卫军'合攻嘉鱼，再转回汀泗桥同咸宁农军合攻咸宁，如攻下咸宁，则回攻蒲圻，若攻不下，则和咸宁农军集中于通山，转崇阳，过通城，联络羊楼洞及羊楼司之同志所带部队去攻岳州，完成湖南的暴动"。9月12日，鄂南特委在蒲圻、通城交界处成立鄂南革命政府，以扩大影响。

中共鄂南特委根据当时敌我双方力量对比情况，决定先不攻取反革命力量较强的咸宁、蒲圻二城，而采取迂回战略，先制弱后攻强，这是正确的。但是，由于鄂南特委对由土匪改编的蒲圻人民自卫军一部缺乏警惕，导致发生"新店事变"，使鄂南暴动受到很大损失。

蒲圻人民自卫军一部，兵员大部分由土匪改编，团长刘步一。刘将敌十三军令其谋杀省党部鄂南巡视员漆昌元的信交给漆昌元，以表诚意，取得鄂南特委的信任。特委将精锐力量集中在新店，与刘步一领导的人民自卫军会合。9月9日，特委先派王钟率领一部分队伍前往。其时，刘步一已被国民党收买叛变，将漆昌元、王钟等人杀害，带去的队伍全部被缴械。翌日，特委率部队到新店，不见漆昌元、王钟，疑有变故，便派谢一寰、符向一等前往接洽，坚决要见漆昌元。刘步一假作欢迎，暗示士兵动手，顿时枪声大作，牺牲农军战士10余人，抓去交通员、卫兵、挑夫各1人，符向一幸而走脱，特委机关被打散。

这次事变，给鄂南暴动造成很大损失，但也教育了党员干部。特委书记吴德峰，咸宁、通山两县党代表刘镇一等人面临着"新店事变"带来的困境，坚定不移地依靠群众，很快地又动员了数万人投入到暴动的行列。嘉鱼农军在米埠举行暴动，一举占领了米埠镇，召开了4000多人的大会，审判土豪劣绅。蒲圻农军在乡村镇压土豪劣绅和反动分子，打开土豪劣绅的仓库，分粮分物给农民群众。全县2万多农民奋起围攻蒲圻县城，迫使敌军紧闭城门、困守孤城。咸宁、通山暴动更是风起云涌。9月10日，咸宁农军由吴光浩率领，向汀泗桥挺进。农军到达目的地，即将敌人包围，经过一场激战，击毙敌营长及士兵数十人，缴获长短枪20余支。在咸宁农军占领汀泗桥的同时，通山农军一团在夏佳林、陈叔卿的率领下，集约于咸宁柏墩待命。9月13日，与咸宁农军一起攻打马桥。在农军的奋勇攻击下，敌军不战而降。马桥重镇被我军占领后，咸、通农军迅速扩大。为了便于指挥，成立了咸通农民军军事委员会，刘镇一任军事委员会主席。

农军占领汀泗桥、马桥等地后，对咸宁县城形成了合围之势。农军决定联合攻城。嘉鱼县部分农军也投入了攻打咸宁城的行列。"9月15日晚6时，农军分两路向成宁县城进逼。一路五六百人从马桥出发；一路二三人由汀泗桥出动。沿途农民纷纷拿着梭标、大刀前往，奋力助战。参战农军及群众共有7000多人。抵达县城后，即将火把遍于县城之附近山上，一时间，火把熊熊，照得如同白昼。根据当时情况，农军决定由曹振常率土枪队、刘镇一率快枪队攻打南门，另一支土枪队到官埠桥，会同当地农军，牵制官埠桥一带驻敌。部署确定后，刘镇一立即率农军向县城发动进攻。城内驻敌负隅抵抗。激战三四个小时，原定城内放火为内应的同志尚无动静，农军虽多次发起冲锋，然而一连3日攻城不下，敌援兵亦已开到。刘镇一等见形势不利，咸宁难以攻下，便令农军撤出战斗。在这次战斗中，全体农军表现极为英勇，县城虽未攻下，但给了敌人一次很大的打击。"

攻城失利后，咸宁农军退守马桥、柏墩一带。3天后，曹振常率土枪队到汀泗桥一带布防，刘镇一带快枪队在前线警戒。驻官埠桥之敌十三军一部分，由豪绅做向导分3路袭击我军。刘镇一指挥部队散开御敌。且战且走。至马桥时，敌人才停止前进。刘镇一到通山召开军事会议，决定农军分5路布防。9月底，敌军分两路夹击柏墩，刘镇一、吴光浩率领农军御敌，激战五六个小时，给敌以沉重打击，终因寡不敌众，只得放弃柏墩，退守通山。刘镇一等在通山郭家山召开军事委员会紧急会议，决定一面抗击敌人的进攻，一面由叶金波、阚禹平等人领导通山工农政府委员会，动员群众积粮于九宫山，以做持久斗争。

在蒲圻，敌一〇八团于10月初向油铺汪家"进剿"，汪小春、汪远本率领农军2000余人，分左、中、右3路抗敌。左路受敌猛烈炮火轰击溃散；中路虽打退了敌人的多次进攻，但农军伤亡很大；右路打退了敌人两次进攻后，因弹药不接，部队只得退至行将山、官山垴一带，后被敌围困，经过一场激烈战斗，农军全部壮烈牺牲。这次战役后，敌人又分4路向蒲圻县委机关石坑渡进攻。程浩泉率蒲圻农军第五纵队奋勇抗敌，因武器悬殊，农军被迫退守木兰山上。蒲圻县委为了保持革命力量，决定解散农军，收藏武器，党员干部分散转移，进行隐藏活动。

蒲圻失守后，敌军又转向通山，县城被敌占领，形势危急。通山农军被迫按3路退守：第一路由陈兆秀、陈叔卿等人带领，经宝石、高湖到九官山活动；第二路由夏桂林、许金门等人带领，经泉港、坳头铺，直上沉水山；第三路由叶金波、阚禹平、阚学增等人带领，经祝家楼到周步山一带活动。3路农军密切配合，攻守结合，建立了以沉水山为中心的赤色根据地。他们时而化整为零，走村串户，在山村秘密发展党员，恢复农协会；时而集中兵力，消灭小股敌人，打击敌人的嚣张气焰。1929年彭德怀在给湖南省委的报告中写道：鄂南秋收暴动中，"民众进攻咸宁、通山等县，很奋勇的自起响应，尤以通山孤战数月，至于艰险难守之时，他们又秘密积粮于九宫山，作最艰苦的斗争，延至 43 天之久"。在这次暴动中,"鄂南区内所杀豪绅地主, 共计七八百人。"给国民党反动势力和土豪劣绅以有力回击。②

注:

①本文为节选,题目为编者所加。

②程光亮、胡昌泰主编,中共咸宁地委党史研究室编著《中国共产党鄂南历史》,中共党史出版社,1990,第 106-115 页。

鄂南农民秋收暴动回忆

龙从启[①]

我第二次到中伙铺时是 9 月 9 日，这时的中伙铺就与我 8 月间来时大不相同了。农民紧张，说是官塘驿至汀泗桥的铁路已经破坏了，鄂南特委也迁走了。我问乡农协干部始知特委已迁到茶庵岭，要去必走路绕蒲圻县城去茶庵岭吴家大屋联系。我再问他们详情，他们也支吾其词，似在回避。我见谈不出什么，只得赶路。我离开中伙铺上路后与同路人闲谈，才知道昨日已经举行了暴动，并劫去了从武昌去长沙的火车，稍有所获，又将火车向南放走了，因为南去的铁路我们并未破坏，我们还要利用。行人还抱怨不该放走了火车，将会招来敌人的进攻。我到茶庵岭已经漆黑一团，找到吴家大屋，在一盏桐油灯下，来接我的是我的同学吴绳祖，他见着我要我等一下，通知了符向一同志来会我。我和符向一见面，我就将嘉鱼的情况做了汇报，他就催我回去"赶快进行暴动，有几乡拉几乡，不要等待，我们拉起来了再说"。其实我们原计划决定在9月4日先在米埠舒桥乡举行暴动，因为时间来不及，又等候蒲圻县的情况。我答复符向一同志说："我们拉起来是不成问题。"他就催我次日回嘉鱼。我十日回到米埠路上，已知道李文卿、吕金城于9月9日已经因团防敌人要逃走，先行起义了，一度占领了米埠，又退出来等我回来。我于10日和李文卿、吕金城同志会合后，我们决定暂在石塘卢家祠建立起嘉鱼县农民暴动总指挥部，总指挥由吕金城同志负责。11日再去古领米埠镇，捕获了敌人密探蔡振发，经审讯后确实无误，把他枪毙了。我们回到卢家祠堂，总结米埠暴动和今后工作情况，共同认识如下。

优点：1.这次暴动情况很好，农民没有

私用财物，一切均由班（组）长、分中队长交到指挥部。2. 战斗中有秩序，组织得好，斗志高昂，无人退后，一往直前。3. 指挥员指挥有方，能身先士卒，共同用命，使敌人闻风丧胆。4. 政治影响大，我们响应了蒲圻的暴动，也推动了咸宁县农民的士气。

缺点：1. 对敌情预先了解不够，不能一举捕获地主、富农和反革命分子，以壮暴动声威。2. 孤军奋斗，没有夺得敌人的武器，以壮大我军，或设法搞得步枪等。3. 指挥员情绪急躁，没有全盘计划，只掌握群众的复仇心理，没有给群众以实惠。

我们从今[起]必须建立我们的武装，要多增新式兵器。决定吕金城掌握现有农军，向舒桥陈家、米埠以外发展，掌握水上交通，检查船只，防止敌人从蜜泉湖、白湖和险峻的七里冲来偷袭，或向蒲圻友军进攻。为了执行特委指示，定于 9 月 13 日出发围攻咸宁县城，竖起鄂南暴动这面红旗。由吕金城挑选农军 1000 余人前往，由李文卿同志协助。我于 9 月 12 日即直往陆溪口，再往龙口镇催促刘云鹤同志率领龙口人民自卫军约二三十支步枪进攻嘉鱼县城的计划。我到龙口镇后，随后不久李文卿同志来了，并汇报了进攻咸宁县城的情况，我始知道邹如卿、吴光浩等同志的行踪。我于龙口镇会同刘云鹤同志率队 60 余人，步枪 30 多支进攻嘉鱼县城时，因受敌军某部阻止，我们退出县郊回龙口镇。我和李文卿同志分手后，他去嘉鱼东北乡，我由陆溪口镇再回米埠。

1927 年 9 月底 10 月初，我到陆溪口镇，特委派来了一武昌籍第一纱厂青工同志（姓名我忘了，他家住花堤）。他说："敌人已从武昌向南，岳阳的敌人向东，来扫荡我咸宁、蒲圻的农军，并与蒲圻城困守敌军和咸宁的敌军会合向我围攻!新店人民自卫队刘铁牛（刘步一）叛变，杀死了漆昌元、王钟同志等，并夺去了我们的武器，农军将向石坑渡大山上撤去，嘉鱼的农军能攻则攻，能守则乐，不能攻不能守，可向蒲圻农军靠扰，以图再攻。"我听了这一情况后，正准备向沔阳、监利的刘步云、刘崇农、熊传藻、胡兴坤等同志联系，拟将陆溪口镇的吴大甫找出来后即向米埠去与吕金城等同志会合，很突然，我在陆溪口镇即遭县府密探汤道衡（襄樊人）逮捕了，并将我写好未发的几封信搜去了。可是信中只有友情的问候和今后联系，并无其他，敌人把我关在陆溪口镇的警察看守所个把星期，又押解我回县城。我被关押后，从未提讯过，一直到1928年除夕，敌人放出口风，可以让我取保暂释回家过春节。

我家倾家荡产，花了300块现洋，我才被取保暂释。出狱第二天正是大年初一，我就逃出了县城到罗家洲罗弼臣同志家。于是又派人到米埠探听吕金城同志的消息。我知道李文卿（李聂）同志已经到江西第三军去了。我不久也去了江西，和李文卿同志会面了。②

注：

①龙从启（1907—　　），又名管慎之，湖北嘉鱼人。时任中共嘉鱼县委书记。新中国成立后，曾任武汉市政协委员、市文史研究馆馆员。

②中共咸宁市委党史研究室编《鄂南建立全国第一个县级红色政权研究》，中共党史出版社，2018，第360-362页。

黄麻起义前后[①]

戴季英[②]

"九月暴动"以后，郑位三同志和我去武汉请示省委。到武汉找到了朱国君，她是刘镇一的爱人，省委秘书。经过她向郭亮作了汇报，郭亮叫我们回黄麻，如果三十军打进来，就看情况定，不打进来就继续起义。

我们回来后不久，郭亮第二次派刘镇一到黄安来，多次提议组成一个党务委员会。他走后不久，符向一又持省委书记罗亦农的介绍信，到七里坪来，要召开黄麻两县联席会议，传达中央驻武汉代表团和湖北省委的指示。我们立即派七里坪高小学生张行炳等二人送信到麻城，通知徐其虚、刘文蔚、王树声、余柏平、廖荣坤。他们接到通知，除王树声因事未到外，其余同志均按时到达。在黄安参加会议的有汪奠川、高建斗、郑行瑞、熊殿勋、吴焕先、程昭续。在此之前，省委派潘忠汝、吴光浩分别到黄安、麻城做军事工作，潘忠汝因事未赶到，吴光浩参加了会议。

会议于 11 月 3 日在七里坪文昌宫第二高级小学召开，符向一传达了郭亮和罗亦农同志的指示，即成立中国黄麻农民起义总指挥部，同时组织中共黄麻党务委员会，作为党领导农民起义的组织机关。党务委员会由吴光浩、曹学楷、戴季英、程昭续、刘文蔚、徐其虚等组成。总指挥部由潘忠妆、吴光浩、曹学楷、戴克敏、汪奠川、刘文蔚、吴焕先、戴季英等组成。潘忠汝任总指挥，指挥部设在黄安七里坪。

会议研究决定，黄麻两县联合举行起义，武装攻打县城，消灭国民党保安队，扩大自卫武装。在会上讨论时，到会同志几乎全都赞成，吴光浩、曹学楷、汪奠川同志特别积极，只有个别人有不同意见，担心能不能攻下，攻下后站不住脚又怎么办。

11月9日，中国黄麻农民起义总指挥部宣誓大会，在七里坪北门外河滩上举行。会场搭了台，台上贴有标语口号，参加大会的是七里坪附近的农民群众，有好几万人。宣誓大会，从午饭后开到天黑。宣布了中国黄麻农民起义总指挥部正式成立，总指挥部成员就职。宣誓结束后，先后有工人代表熊殿勋、农民代表张行灼、学生代表李继先（七里坪高小学生，很能干，1929年随吴光浩到商南开辟工作，在途中不幸牺牲）讲话。国民党左派、原黄安县党部委员詹道尊也在大会上讲了话。原安排有妇女代表、七里坪女子小学教员黄冠英讲话，黄见人多有点害怕未讲。各界代表讲话，一致赞成党的主张，赞成举行黄麻起义。

宣誓大会后，符向一起草了宣言，提出"以革命继续革命，以革命发展革命"、"打到武汉去"、"打到南京去"、"耕者有其田"、

"一切被压迫被剥削的人联合起来"等主张。并在邮政局七里坪代营所发快邮代电,将宣言寄送省城。符办完这些事就走了。

…………

从县城突围出来的鄂东军一部,刚退到七里坪,敌人迅速从河南、湖北包围进攻,情况严重,有不消灭我们不止之势。农民义勇队被打得散乱,我们把部队集中起来以后,到了太平寨,想看看麻城的情况,麻城的情况也不好,不能去,就到了木城寨。在木城寨召开了一次领导人会议。吴光浩、曹学楷、戴克敏、戴季英、汪奠川、廖荣坤、徐其虚、江竹青都参加了,符向一也到了会。会议认为,鄂东军不能老停留在中心区,要打出圈圈,把敌人撵走,减少中心区的损失。当即,吴光浩提出到木兰山去活动,大家一致赞成,确定在木兰山活动三个月再回来,不脱离黄麻。会后,符向一取道麻城返汉。

在我们领导确定去木兰山时,部队内部

思想很乱，有的人公开讲没有前途，再打下去就要被消灭，不想再干了。我们做了大量的宣传解释工作，才维持了局面，腊月初六到了木兰山，清点一下，共72人，42支长枪（其中有九支九子联、两条马蹄斜）、九支驳壳枪、两支手枪。

去木兰山的72人，和以后又上木兰山的人，现在活着的不多了，时隔55年，我总是怀念这些一起战斗过的同志，他们大多数是无名英雄，有的人连姓名也没有留下，想起来心里实在难过。现在我能想起的有下列同志：吴光浩、戴克敏、曹学楷、汪奠川、江竹青、徐其虚、王树声、廖荣坤、林柱中、丁茂富、郑福东、张忠国、李继先、张心灼、陈再道、程启光、邱江甫、江波、陈福润、郑亚楼、戴道普、曹学道、方思法、郑老四、郑行敏、郑植璜、戴本魁、王景、吴行忠、俞士明、董纯齐、石盛勇、叶耐青、吴永达、潘遐龄、刘成道、李绍起、刘大如、刘本华、詹学道、阎常如、刘天华、王家彦、来显焱、方思德、黄家寿、郑芽绿、董孝玉、吴先筹、戴先汉、王××（诨名豌豆）、×保纯、晏仲平、张忠顺、徐朋人、戴季伦、戴先城、戴学诗。

符向一走后，我们在香炉山又召开了一次会议，……③

注：

①本文为节选。

②戴季英参与领导了黄麻起义。新中国成立初期任中共河南省委常委兼开封市委书记。

③红安县委党史资料征编委员会编、郭家齐主编《黄麻起义》，武汉大学出版社，1987，第167-174页。

奔上木兰山①

陈再道②

敌人血洗黄安城之后，随之进驻了麻城县城，扑向七里、紫云、乘马、顺河等地。他们与当地的土豪劣绅勾结起来，疯狂地进行着反革命报复，烧杀抢掠，无恶不作。他们所到之处，留下一片瓦砾、灰烬、血迹、尸体，令人目不忍睹，耳不堪闻。

…………

王幼安同志英勇就义不久，蔡济璜和刘文蔚等同志，由紫云转战麻城、顺河途中，也不幸落入敌人的魔爪。敌人为了扑灭革命之火，把他们打得遍体鳞伤，绑在林店街头上"示众"。

蔡济璜和刘文蔚等同志，时年仅仅二十二岁，他们威武不屈，大义凛然，依然不顾伤势疼痛，昂首挺胸，慷慨激昂，向群众宣传革命主张，宣传工农必胜、敌人必败的道理。

他们在赴刑场的时候，放声高唱《国际歌》，高呼"天才穷人拥护共产党，共产党杀不完"口号，表现出革命者视死如归的大无畏精神，在场的群众无不掩面挥泪，泣不成声。

在敌人的白色恐怖面前，也有的人对革命前途丧失了信心，生怕自己的脑壳搬了家。在我们麻城自卫军中，也有这样的例子。三排长余雅太，在黄麻起义失败后，被敌人屠杀吓破了胆，悄悄离开自卫军回家了。这之前，一排长余佩芳被熊振翼拉下水，成了革命的叛徒。只有二排长廖荣坤，革命到底不动摇，后来在战场上牺牲了。革命好比大浪淘沙，三个排长走了三条路。在漫长的革命征途中，有出生入死的战斗，有尖锐复杂的斗争，有艰难困苦的环境，是真金才不怕火炼，是渣滓就会被淘汰。我是亲身体会到的。

但是，黄麻地区的共产党员和广大人民群众，没有在敌人的枪弹和屠刀下屈服，特别是我们工农革命军鄂东军，作为党领导的一支人民武装，更没有失败之后一厥[蹶]不振，放弃自己的革命信念和革命主张。我们在这"山重水复疑无路"的时刻，在不断地思索、探求、寻找，大家抱定"摔倒了再爬起来"的顽强革命精神，相信定能拓出一条通向胜利的光明之路。

十二月下旬，吴光浩、戴克敏、曹学楷等同志，先后繁集到木城寨来，为了保存革命力量，坚持斗争，再图发展，召开了一次重要的会议。会议决定，除了留少数同志就地坚持斗争外，大部分同志转移到木兰山，利用那里的自然条件和群众基础开展游击战争。

这次会议之后，吴光浩、戴克敏、曹学楷等同志，在木城寨以东的闵家祠堂，集合起包括我排在内的七十二名同志，携带长短枪五十三支，昼伏夜行，翻山越岭，向黄陂境内的木兰山进发。③

注：

①本文为节选。

②陈再道，时为农民自卫军战士。中华人民共和国成立后，授上将军衔。

③陈再道:《陈再道回忆录》，解放军出版社,1988,第100-103页。

决定秋收起义的过程①

李维汉②

第二是决定发动秋收起义。这是五人常委③在汪精卫公开叛变以后至七月下旬这段时间里决定的。根据这一决定，中央在八月三日以前就草拟好了《最近农民斗争议决案》草案。随后中央农民部还根据《最近农民斗争议决案》草案，为中央草拟了《中共中央关于湘鄂粤赣四省农民秋收暴动大纲》。八月三日，中央便作出决定，通知各有关省委。《大纲》明确要求在上述四省组织秋收暴动，并规定了秋收起义的战略。八七会议在讨论《最近农民斗争议决案》时，我又向大家说明：中央农民部已根据《最近农民斗争议决案》草案拟订了湘鄂粤赣四省秋收暴动计划。这样，五人常委会关于秋收起义的决定就得到了八七会议的追认。……

......

第二，按照八七会议确定的土地革命和武装反抗国民党反动统治的总方针，和把发动农民举行秋收起义作为当前党的最主要任务的决定，各地党组织先后发动了湖南、湖北、江西、广东、江苏、河南、河北、陕西等省部分地区的武装暴动。在湖南，有湘赣边界的秋收起义。在湖北，有蒲圻、咸宁、公安、石首、松滋、沙市、通城、通山、崇阳、孝感、麻城、黄安等地起义。中央在武汉时，瞿秋白、罗亦农和我在亦农家开过会，共同布置了湖北的秋收起义。......

注：

①本文为节选，题目为编者所加。

②李维汉，时任临时中央政治局常委。

③根据共产国际意见，陈独秀去苏联后，国内组织一个五人政治局常委代行中央政治局职权，成员有张国焘、周恩来、李立三、张太雷、李维汉。

④李维汉：《回忆与研究（上）》，中共党史资料出版社，1986，第160、161、173页。

研讨文摘

湘鄂赣苏区的历史地位
与苏区精神

石仲泉①

编者提示：湘鄂赣苏区是我国重要的革命老区，面积约7万平方公里，覆盖30多个县，人口近千万，在与国民党反动派的殊死斗争中，为中国革命的胜利做出了重大牺牲和突出贡献。为继承湘鄂赣苏区革命传统，弘扬苏区革命精神，中共中央党史研究室原副主任石仲泉于2010年发起建立湘鄂赣苏区论坛，每两年举办一次。

湘鄂赣苏区有这样几个突出特点：

（一）湘鄂赣苏区是党领导的秋收起义的最早地区之一

过去讲秋收起义，第一反应就是毛泽东领导的湘赣边秋收起义。2006年和2007年两次到湖北通山、通城和崇阳考察后，我才了解到秋收起义最早的烽火是在鄂南点燃的。党的八七会议确定实行土地革命和武装反抗国民党反动政府屠杀政策的总方针，决定在湘、鄂、粤、赣四省发动秋收起义。而在这四省中，以两湖革命形势尤为高涨。这两省的农民运动在全国名列前茅。农民协会组织普遍建立。中共中央将两湖作为全国秋收起义的中心。在湖北，省委在中央八七会议前的7月底，已酝酿秋收起义，并着手准备；刚加入中国共产党的武昌中山大学青年学生罗荣桓，被派到通城从事农民运动。八七会议后，省委决定以通城、崇阳、通山鄂南三县作为湖北秋收起义重点。这里的农运基础好，地位优势明显，在政治上可以影响武汉，还可以声援湖南"秋暴"。这时的临时中央也很重视鄂南"秋暴"，政治局三名常委（瞿秋白、李维汉和苏兆征）有两名常委（瞿秋白、李维汉）参与研究。中央政治局委员、湖北省委书记罗亦农两次亲赴鄂南部署起义事宜。8月中下旬，先是崇阳农民自卫军的起义遭到国民党军"围剿"后转至通城，会合通城农军，于8月20日智取通城县城，两县农军合并，罗荣桓担任农民自卫军党代表，率领这支队伍开赴江西修水，参加毛泽东领导的湘赣边界秋收起义。在崇阳、通城农民暴动的鼓舞下，8月30日通山数千农民举行起义。这样，鄂南三县秋收起义就点燃了全国秋收起义的烽火。它比中央规定的两湖秋收起义的统一时间（9月10日）提前了半月左右，也比毛泽东领导的湘赣边秋收起义早了许多天。当然，毛泽东领导的湘赣边秋收起义是全国秋收起义进入高潮的标志。它无论在规模、声势和影响方面都比鄂南起义大得多。特别是通过那次起义转移"上山"后开辟的井冈山道路，成为中国特色革命道路的摇篮，并在理论上作了初步的概括和总结，这是其他地方都无法相比的。对毛泽东领导的湘赣边秋收起义的这一特殊功绩，当然不能动摇。但充分认识鄂南三县秋收起义的意义也是需要的。作为开辟湘鄂赣苏区前奏的鄂南三县秋收起义，可以说打响了全国秋收起义的第一枪，奏响了以毛泽东为代表的中国共产党人探索中国特色革命道路的革命交响乐的第一串音符。

（二）湘鄂赣苏区是建立全国县级红色政权最早的地区之一

湖北通山县党史办公室通过多方查找档案文献资料，了解到在通山秋收起义后建立的通山县工农政府委员会，是党在八七会议后建立的最早一批全国县级红色政权。大革命时期，南方各省特别是湘、鄂、粤、赣四省工农群众运动如火如荼。在国民党反动派实行大屠杀后没许多地方根据党的布置举行了秋收起义，但单独靠农民武装夺取县城、建立县级苏维埃政权的，在秋收起义初期并不多见。湖北通山农民起义军，运用军事打击与政治攻势相结合的策略，在迅速占领县城后就成立了工农政府委员会，它排除了国民党左派和非工农代表参加，是苏维埃政权性质。此外，通城县起义后也成立了劳农政府。这两县都是秋收起义后在全国建立最早的一批县级红色政权。通山县工农政府委员会在县城存在一个半月，即转移到九宫山地区坚持游击战争。以后实行工农武装割据，发展成为鄂东南、湘鄂赣苏区。②

注：
①石仲泉，中共中央党史研究室原副主任。
②在首届湘鄂赣苏区论坛上的主题报告，2010年9月。

通城秋暴与湘赣边秋暴①

——纪念以通城秋暴为代表的
鄂南秋暴90周年

石仲泉

十年前，我参加纪念通山县工农政府委员会成立80周年学术研讨会，作了《通山红色政权与湖北革命党史》讲话。会后考察了崇阳和你们通城，就是想弥补此前的缺陷。2010年参加首届湘鄂赣苏区论坛，我在《湘鄂赣苏区的历史地位与苏区精神》讲话中也对鄂南秋暴和通城劳农政府作了评价。那次讲话，我是这样说的："作为开辟湘鄂赣苏区前奏的鄂南三县起义，可以说打响了全国秋收起义的第一枪，奏响以毛泽东为代表的中国共产党人探索中国特色社会主义道路的革命交响乐的第一串音符。"通城劳农政府和通山工农政府委员会"是秋收起义后在全国建立最早的一批县级红色政权"。

今天，我就来解读这个"第一枪"和"第一批"的评价。既然是解读两个"第一"，为什么又说"毛泽东领导的湘赣边秋暴是全国秋暴的总代表"呢？这不是自相矛盾吗？不矛盾，这是一个问题的两个方面。十年前，我在通山讲话中就说过，对于历史，既要深入挖掘，又要科学把握；既要提升认识，又要实事求是。对于鄂南秋暴和建立的红色政权，也应该这样。过去没有给予应有历史地位是不应该的。现在重新评价，充分认识它的历史意义也要适度。正是根据这一点，我在通山讲话中才说了一句很不中听的话：绝不能以为鄂南秋暴较早，就妄自尊大，以为夺得了"第一"，就有什么这样那样的不恰当想法。正是出于这种考虑，我在这里要讲讲"毛泽东领导的湘赣边秋暴是全国秋暴的总代表"这个观点。

为什么这么说呢？因为历史事件的重

要性不是单纯以时间的早晚排座次的，而是由那个事件在历史上各方面起的作用来综合评估而确定的。具体来说：

通城秋暴、鄂南秋暴与毛泽东领导的湘赣边秋暴是先锋与主力军的关系。党中央规定的两湖秋暴统一时间为9月10日。通城秋暴、鄂南秋暴提前了，就犹如前锋。毛泽东领导的湘赣边秋暴基本上是按中央规定时间举行的，参加秋暴的人数多、规模广、声势大。他们既有工农革命军第一军第一师，下设三个团的建制，又设计有军旗，总共有5000人，从江西打到湖南，可谓浩浩荡荡，威武雄壮。这样一支队伍不能不成为主力军。

通城秋暴、鄂南秋暴没有建立起农村根据地，毛泽东领导的湘赣边秋暴上井冈山后就建立了我们党领导的第一个农村革命根据地。前者没有条件开展土地革命和进行政权建设，暴动队伍就没有落脚点，不能安身立命，秋暴过后依然是反动派统治。毛泽东领导的湘赣边秋暴上井冈山后建立根据地就不一样了。它不仅有了安身立命之地，而且是带有开天辟地性质的伟大创举，为我们党探索"农村包围城市，武装夺取政权"的中国特色革命道路指出了方向，因而成为著名的红色摇篮。

通城秋暴、鄂南秋暴没有一面独立存在的具有旗帜性的代表人物，湘赣边秋暴的伟大旗帜就是毛泽东。罗荣桓虽领导了通城秋暴，但没有在鄂南坚持下去的形势和条件，他不得不率领农军加入湘赣边秋暴洪流。一年多后，开辟包括鄂南在内的湘鄂赣根据地的旗帜是彭德怀，但他没有领导通城秋暴、鄂南秋暴。这一情况，很可能是通城秋暴、鄂南秋暴没有像其他有的秋暴发生那样的重大影响，因而在全国性的党史书上没有被提及的一个重要原因。

综上所述，如果在大革命失败后党所发

动的200次左右武装暴动中选一个贡献突出的代表的话，毫无疑问，毛泽东领导的湘赣边秋暴，最有资格充当全国秋暴的总代表，或者说卓越代表。十年前，我说鄂南三县暴动，"打响了全国秋收暴动的第一枪，奏起了以毛泽东为代表的中国共产党人探索中国特色革命道路的革命交响乐的第一串音符"，也是旨在表达这个意思。[2]

注：
[1]本文为节选。
[2]石仲泉：《通城秋暴湘赣边秋暴——纪念以通城秋暴为代表的鄂南秋暴90周年》《党史天地》2017年第5期。

鄂南暴动的起初阶段①

李福珍②

鄂南秋暴从准备、发动到局部和全面爆发，直至转入隐蔽斗争，历时近三个月，经历了三个阶段。

从8月初《鄂南农民暴动计划》制订至9月9日蒲圻中伙铺劫车前为第一阶段，这是鄂南秋暴的准备、发动和在局部范围内爆发的起始阶段。

8月初，在鄂南特委未正式成立前，湖北省委即委派省委委员符向一至鄂南全权负责鄂南区工作。符向一迅速联系上鄂南各县党组织负责人，传达省委指示精神。至8月中旬，各县纷纷成立暴动委员会、改编农民自卫军为农民革命军。以咸宁农民革命军为主体，集中蒲圻、通山、崇阳等县农军，组成了以省农协秘书长聂洪钧为总指挥、曹振常为副总指挥的鄂南农民革命军，下辖五路指挥部，每路农军五六百人或千余人；7月下旬受命离开武汉至崇阳、通城的罗荣桓，很快和崇阳党组织负责人及共产党员、通城县长王武扬，通城县委书记王玉棠等取得联系，任崇阳农军党代表。崇阳农军于8月14日发动洪下暴动，随后占领崇阳县城，农军队伍不断扩大；通城迅速发展农协会员至两万余人，开始整顿农民革命军，挑选、训练精壮农军，配枪200多支；通山县委书记李良才及夏桂林、叶金波等率通山农军攻占横石潭、宝石河、郑家坪、杨芳林等地，对通山县城实行了包围；经湖北省委同意，鄂南特委将在监利工作的龙从启调至嘉鱼，正式成立以他书记的嘉鱼县委，嘉鱼暴动的宣传组织工作迅速在舒桥、米埠等地展开；共青团湖北省委派吴言章赴鄂南组建共青团鄂南特别委员会；熊映楚在蒲圻县内水西门静庙召开全县党员大会，部署发动、组织群众暴动的工作，由沈国祯、吴逢甲等率领农协会员 50 多人在白墅桥等处抓获并处决四个土豪劣绅；蒲圻中伙铺附近到处贴满了"一切权力归农民""耕者有其田"的口号标语，农民革命军正进行紧张的操练，农民群众情绪高昂，已经是枕戈待旦、整装待发。

此时，由于国民党第十三军一步步进逼，崇阳县农民革命自卫军在于通城党组织取得联系后，由叶重开和罗荣桓率领于 18 日向通城转移，8 月 20 日崇、通农军集中通城城下，诱开城门，活捉通城团防局局长刘秀波。当天下午，通城县委"宣布正式成立通城、崇阳农民自卫军（600 余人）指挥部，总指挥王武扬，党代表罗荣桓，总参谋长刘基宋"，大会还宣布"成立了'通城县劳农政府'，处决了反动团总刘秀波"。县劳农政府由朱春山任主席，谭梓生、黄子端为副主席。下旬，因国民党第十三军续向通城逼近，崇通农民自卫军在罗荣桓、叶重开、王玉棠率领下，被迫向江西转移，行至通城麦市时，不幸被崇阳地主武装和国民党军队包围，自卫军在罗荣桓、叶重开率领下突出重围，仅剩百余人。29日由江西省防军暂编师师长余洒度接至修水。

8月下旬，当通山农民革命军从四面形成对通山县城的包围时，鉴于唐生智调离通山驻军、县城无正规守军的情况，通山暴动委员会组织各路农军于8月30日清晨，在附近数千农民的协助下，汇涌通山县城外准备攻城。通山县长何雄飞见势不妙，派人出城求见农军负责人，愿交出县政权以保性命，农军和农民群众占领县城。当天下午，通山县暴动委员会领导进城农民，分片推选工农政府委员会委员，次日，通山工农政府委员会宣布成立，夏桂林为委员长，叶金波为副委员长。为了不影响鄂南秋暴的整体部署，暴动委员会派农军严守四境，断绝交通，并以县长何雄飞名义号令四方，境内社会秩序井然。

这一阶段，符向一及后来成立的鄂南特委多次向湖北省委报告暴动准备情况，湖北省委及时作出指示，要求鄂南暴动必须以农民群众为主力，大力开展群众宣传和动员工作。8月中旬湖北省委先后派省委军事部长吴德峰及黄赤光、谢一寰、王钟等人到鄂南参加暴动准备工作，正式成立中共鄂南特委，吴德峰任书记，符向一、黄赤光等为委员。……③

注：

①本文为节选，题目为编者所加。

②李福珍系中共湖北省委党史研究室机关党委专职副书记。

③中共咸宁市委党史研究室编《鄂南建立全国第一个县级红色政权研究》，中共党史出版社，2018，第67-69页。

崇阳农军打响鄂南秋暴第一枪[①]

饶浩良[②]

1927年春夏之交，正当大革命胜利发展之际，国民党右派相继叛变革命。他们血腥屠杀共产党人和工农革命群众，轰轰烈烈的大革命惨遭失败。中共中央从这一惨痛的教训中认识到独立领导军队、进行武装斗争的极端重要性，在领导和发动"八一"南昌起义后，又于8月7日在汉口召开紧急会议，确定了土地革命和武装反抗国民党反动派的总方针，发布了《关于湘鄂赣粤四省农民秋收暴动大纲》。并把发动农民举行秋收暴动作为当时党的最主要任务，号召全体党员和人民群众继续坚持革命斗争。

接着，中共湖北省委为贯彻党的"八七"会议精神，制定了《鄂南农民暴动计划》。划蒲圻、咸宁、崇阳、通城、通山、嘉鱼、武昌 7 县为鄂南暴动区，以蒲圻、咸宁为起义中心地点，暴动成功之后，在各县组织革命政权。计划规定，各暴动区建立指挥机关，组织农民游击队，积极鼓动农民抗税抗捐，健全并扩大农民武装及农协组织，发动乡村间普遍的大暴动，建立农民协会政权及农民军队。还规定在暴动尚未发动之前，在离城与铁路较远的乡村，尽量做骚动与杀戮劣绅的工作，召开农民群众大会，鼓动暴动并告以暴动为鲜明目的，创成农民热烈革命的狂潮。

8 月初，省委派符向一等 40 余人到鄂南开展工作，并指定符向一在鄂南特委成立之前主持鄂南工作。符向一到达蒲圻后，在月山庙召集会议，传达党的"八七"会议精神和湖北省委的秋收暴动决定，并迅速派出党员干部赴各县开展工作，作暴动前的准备。

此时，正是敌我双方斗争最激烈的时候。"八一"南昌起义的枪声震惊了国民党反动派，8月4日晚崇阳农军在县城的反击战也震惊了崇阳的反动派。反动头子魏石峰虽然被击毙，但也招来反动势力更加疯狂的反扑。国民党第十三军方鼎英一部正在向崇阳逼进，反叛的崇阳县政府正在筹备成立九区联防保卫团，各区乡的反动民团正在加紧集结，妄图扼杀这支农军武装。

正当崇阳农军盘算下步是赴广东追赶南昌起义大部队，还是就地隐蔽起来过山林生活之时，中共崇阳县委接到交通员的通知，上级要在赵李桥召开紧急会议。8月10日，宣传部部长沈蘅荪、军事部部长叶重开和交通员杨白、黄明等人赶到赵李桥客栈，听取符向一关于举行鄂南秋收暴动的紧急传达后，于12日在县城福音堂成立了以沈蘅荪为主任、叶重开为副主任的暴动委员会。会后，迅速集中崇阳农民武装和区乡农协骨干，在县暴动委员会领导下开展秋收暴动的各项准备工作。

机会很快来临。8月12日，洪下农协会负责人从码头做工的会员口中得到一条重要信息：一名通城商户在洪下购得大批粮食，准备用木船运往武汉，装运的木船是大土豪、大富商陈新廉（陈永庆之子）的武装押运船。当年，陈新廉经营的"陈永庆"商号富甲全县，是崇阳最大的土豪劣绅之一，在乡村有5000多亩田地收租，在县城有48个铺面打理，在武汉有3幢房屋搞货物周转；平时除聘有20多名业务主管外，还训练有一支20多人、身兼多职（包括水手兼保镖）的武装队。他们武器装备精良，专门有人看护几艘木帆船在崇阳至武汉的水上跑运输。

农协会负责人将这一信息立即报告了县暴动委员会。县暴动委员会经过商议认为，秋收暴动在即，农军正缺武器装备，劫下这只粮船，既可夺得武器装备，又可获得一批粮食，符合秋收暴动前开展"骚动"精神，便决定组织农军在反动势力尚还薄弱的洪下地区搞一次劫船骚动，由洪下农协会配合县农军行动。为确保"骚动"成功，农军队长叶重开又与洪下农协会负责人商议：能否利用这名农协会员在码头做工的机会摸到粮船启航的准确时间，以便我们来个突然袭击农协会负责人表示：一定能摸到，保证立即报告。13日，叶重开得到运粮船的启航准确时间，立即把农军队伍开进洪下地区，并派一个排隐藏在码头附近。14日早晨，当运粮船正要启航之时，农军20余名战士疾速登上粮船，开枪一阵扫射，打死打伤4名武装押运人员。

在码头几名农协会员的协助下，农军迅速解除了10多名押运人员的武装，缴获"陈永庆"武装队押运的粮船一艘、大米40余包、步枪5支。随后，将枪支和小部分粮食用于农军补给，大部分粮食分给当地贫苦百姓，极大鼓舞了当地农协会员的斗志。

崇阳农军的这次洪下劫船暴动，是积极

响应中共湖北省委《鄂南农民暴动计划》、率先开展的一次"骚动"行动，打响了鄂南秋暴第一枪，对推进鄂南农民秋收暴动、点燃农民的革命热情起到了积极的影响作用。③

注：

①原题目为《洪下劫船，崇阳农军打响鄂南秋暴第一枪》。

②饶浩良系崇阳县史志研究中心干部。

③饶浩良：洪下劫船，崇阳农军打响鄂南秋暴第一枪，http://cyxw.cn/info.aspx? colid=20&id=56394，访问时间：2022 年 10 月 5 日。

通城八二〇暴动前后①

葛先惠　汪信明

编者提示：1927 年 8 月 20 日，罗荣桓、王武扬等人，带领崇阳、通城农民革命军，智取了通城县城，缴获民团 100 余支枪，处决了反动团防局长刘秀波。9 月 4 日，通崇农民革命军撤离通城向江西修水转移时，符向一在通城商谈秋暴事宜。

当天下午，在通城县衙门前召开大会，宣布通崇农民革命军正式成立，总指挥王武扬、党代表罗荣桓、参谋长刘继宋，下辖两个大队：一大队为通城农民革命军，300 多人，大队长肖力，政治指导员王文安；二大队为崇阳农民革命军，大队长叶重开。接着枪决了血债累累的团防局长刘秀波。农军取得了夺取县城的胜利后，立即着手建立自己的政权，第二天召开各区农协代表会，选举产生了通城县劳农政府，主席由省农协特派员朱春山担任，汪玉棠为秘书；随后，又对县农协会进行了调整，县委书记汪玉棠兼任县农协主席，副主席由谭梓生担任。

通城县城被农军攻占后，国民党十三军惊慌失措，忙令两个团向通城扑来。通城外逃的大土豪劣绅与崇阳地主武装余石丰、余石全勾结，也在蠢蠢欲动，向通城逼进。国民党湖北省政府闻通城王武扬为首暴动甚为恼火，派通城反共分子毕振英为通城县长，他纠集民团残余和流氓地痞攻打县城农军。罗荣桓、汪玉棠等人视此紧急军情认为北上参加9月9日的鄂南秋暴还要等待八九天，已来不及了，如同敌人接火，我军必然造成重大伤亡，只有向修水转移。这时参谋长刘继宋接到湖南省委的来信，约通崇革命军参加湘赣秋收暴动。经过商讨后，决定由罗荣桓、刘继宋和谭梓生去修水进行联络。

余洒度、谭政热情接待了他们，并答应拨给他们少量弹药，派两名教官，同意通崇农军向他们靠拢。

罗荣桓一行刚回通城，鄂南特委符向一也来到通城，商谈农军参加鄂南9月9日的秋暴事宜。如果部队向北进军肯定会与国民党十三军遭遇。为了保存革命力量，农军和劳农政府全体人员共600多人，于9月初在罗荣桓、汪玉棠等的率领下，离开通城向修水转移，赵世当、王武扬留在通城，继续坚持当地革命斗争。部队行至麦市宿营时，遭崇阳地主武装和国民党部队从东、西、北三面包围。罗荣桓和汪玉棠、叶重开一道率领战士向东突围。到达修水后，被编入工农革命军第一军第一师师部特务连。罗荣桓仍任党代表，谭希林任连长，叶重开任副连长。

此时全权负责湘赣农民秋收起义的前敌委员会书记毛泽东在安源张家湾召集会议，决定以暂编第一师为工农革命军第一师，下辖四个团，其中第一团由平江、通城、崇阳等地农军和武汉警卫团大部分组成，作为秋收起义的主力军。在修水休整几天后，奉命开赴铜鼓，在山口被敌人包围，团长邱国轩叛变。罗荣桓率领的通崇农民革命军，坚守阵地，激战三天，直到胜利。从此通崇革命军成为毛泽东领导的湘赣边境秋收暴动队伍的三大主力之一。之后，经过三湾改编，上了井冈山。[2]

注：

[1] 本文为节选。

[2] 中共咸宁市委党史研究室编，《鄂南建立全国第一个县级红色政权研究》，中共党史出版社，2018，第181-182页。

论鄂南秋暴的历史地位和意义^①

沈永喜

8月初，中共湖北省委派符向一等40余人到鄂南组织秋暴，责令符向一在特委成立之前，全面指挥鄂南工作。符向一到达咸宁向咸宁县中共负责人聂洪钧传达了省委秋收暴动计划和指示。聂洪钧立即着手组织以各县农协会员为骨干的鄂南农民革命军总指挥部。聂洪钧任总司令，曹振常任副总司令，钱定荣为总参谋长。总指挥部下设五路指挥部，每路约500人至1000人。符向一由咸宁到达蒲圻，立即召开党员大会，传达八七会议精神和省委秋收暴动计划，宣布省委决议和策略。会后，派人到各县活动。

8月中旬，中共湖北省委增派吴德峰、黄赤光等人到鄂南。鄂南特委随之成立，吴德峰任书记，委员有吴德峰、符向一、黄赤光、谢一寰、蒋友谅等人，特委机关设在蒲圻中伙铺。鄂南特委成立，鄂南各县有了统一的领导机构，有力地推动了全区革命形式迅猛发展。

8月下旬，中共湖北省委书记罗亦农，省委委员任旭到达鄂南，召开了鄂南六县党的负责人会议，布置了有关暴动的事宜，提出十天内举行暴动的要求。会后，各县立即召开党员大会、群众大会，进行总动员，全区暴动时机迅速成熟。崇阳农民革命军在叶重开领导下，发动了洪下暴动，摧毁了土豪劣绅魏石峰反动武装，接着攻占了崇阳县城。随后，又与通城农民革命军配合，智取了通城县城，成立了崇阳、通城两县农民革命军联合指挥部，罗荣桓任党代表。9月初，这支两县农民革命军由罗荣桓、叶重开等人带领到修水，参加了湘赣边境毛泽东领导的秋收起义。

8月底，通山县农民革命军在夏桂林领

导下，包围了通山县城，迫使县长交出政权。农民革命军进占通山县城后，立即派出 20 队农民革命军分赴各乡，镇压反动分子，控制全县，并建立工农革命政权。

同时，咸宁、蒲圻等县城的四郊和乡村，也被农民革命军所控制。

9 月 6 日，省委书记罗亦农第二次到鄂南，在蒲圻召开了 200 多人的会议。罗亦农听取了各县汇报之后，决定 9 月 9 日举行全区性的起义。会后，各县加紧工作。中共蒲圻县委立即组成鄂南农民革命军第一路总司令部，由省巡视员漆昌元任总司令，王钟任军事指挥，下辖五路纵队，分赴各乡，进行起义前的准备工作。

9 月 8 日下午，鄂南特委获悉：当晚有列从武昌开往长沙的客车，内载饷银三万、子弹 1.5 万发，押运兵仅一班人。特委认为：可劫之以资我们的军费。决定再中伙铺劫车。派特委员黄赤光负责指挥劫车。

9月9日凌晨3时，列车到达中伙铺车站，黄赤光带领300多农民革命军，假敌十三军查车之名，登上列车，首开一枪，迅速地缴了押运兵的械，共缴获步枪16支、子弹5箱、银元86块、纸币3.4万元。

中伙铺劫车成功，鄂南秋暴正式全面展开，从而打响了两湖暴动的第一枪，比湖南暴动早一天。湖南的暴动9日才开始派出60人破坏铁路。湘赣边境暴动，在安源10日发动后，农民革命军向萍乡县城进攻，"驻在铜鼓修水一带之浏阳及平江农民军，于11日分三路进攻平江的长寿街"，"长沙乡村的农民暴动于11日暴动"。

鄂南暴动能打响两湖暴动的第一枪，绝不是偶然的，而是中共中央、中央湖北省委加强领导和重视的结果。

首先，鄂南农民暴动计划制定得早，准备工作充分。早在8月5日，鄂南农民暴动计划就已制订。八七会议后，中共湖北省委在鄂南农民暴动计划基础上，很快就制订了以鄂南为中心的湖北农民暴动计划，并得到中央及时批准。湖南农民暴动计划因湖南省委要重新改组，8月18日才在新省委第一次会议上讨论制订。8月30日才报中央，比湖北、鄂南农民暴动计划迟了近半月。

其次，中央中共、湖北省委对鄂南暴动的重视。临时中央政治局三个常委中，有两个常委亲自布置湖北、鄂南暴动。省委书记罗亦农两次亲临鄂南，具体指导鄂南暴动。省委又给鄂南特委许多特权，即在相当时期或紧张时期，有权代理省委处理问题。所有这些，加速了鄂南暴动的进程。

三是革命形势迅速发展的结果。8月底，通山、通城、崇阳三县城已被农民革命军攻占。咸宁、蒲圻广大乡村也为农民革命军所控制。鄂南革命形势发展很快，为打响第一枪，提供了有利条件。

鄂南暴动首先打响，为两湖的秋收起义

起到了模范先锋作用。同时吸引了湖南反动派一部分兵力，减轻了湖南暴动的压力，有力地支援了湖南暴动。[2]

注：

①本文为节选。

②中共咸宁市委党史研究室编《鄂南建立全国第一个县级红色政权研究》，中共党史出版社，2018，第167-169页。

鄂南暴动与黄麻起义①

李城外　徐赐甲②

八七会议后，中共湖北省委派符向一等40人到鄂南，以符向一主持鄂南工作，传达八七会议精神和省委关于秋收暴动的指示。特委派出党员干部到鄂南各县指导工作。8月下旬，省委又派吴德峰、黄赤光前往鄂南，正式成立鄂南特委，吴德峰任书记。8月底9月初，中共中央长江局书记兼湖北省委书记罗亦农两次赴鄂南，亲自调研、部署鄂南暴动。

由于中央和省委对鄂南暴动的高度重视，鄂南又有较好的革命基础和特殊的地理位置，使鄂南得以在全国打响秋收暴动第一枪。8月20日，罗荣桓等率通城、崇阳农军智取通城县城，活捉并处决国民党通城团防局长刘秀波，宣布正式成立通（城）崇（阳）

农民革命军，总指挥王武扬，党代表罗荣桓，参谋长刘继宋。同时，成立通城县劳农政府，主席朱春山。8月底，通山县暴动委员会抓住敌人驻通山县城正规军调离通山的机会，命令六个大队和一个快枪队近2000名农军同时暴动，占领了四方集镇。30日，农军包围县城，通山县县长何雄飞被迫投降。31日，通山县工农政府委员会建立，委员长夏桂林。通山县建立工农政府委员会后，"将交通断绝，并派农军严守四境，至九日即将该县长及各官吏枪毙，同时派农军二十队分赴各乡杀戮土豪劣绅，并没收其财产，计杀土豪劣绅一百余人"。通山暴动从农村开始，建立县政权后又帮助建立区乡革命团体，因此全境为红色区域。

9月8日，鄂南特委委员黄赤光指挥组织农军，在粤汉铁路蒲圻中伙铺劫获敌运送弹药辎重的列车，缴获全部弹药饷银。9月9日，嘉鱼县米埠暴动成功。9月10日，咸宁农军由吴光浩率领，向汀泗桥挺进。同时，通山农军一团在夏桂林、陈叔卿的率领下，奔赴咸宁柏墩，于9月13日与咸宁农军一起攻下马桥，在马桥成立咸通农民军军事委员会，刘镇一任军事委员会主席。

鄂南暴动前期颇为顺利。但是，9月10日，在蒲圻发生"新店事件"。蒲圻农民革命军共辖五个纵队，由漆昌元任总指挥。蒲圻农民革命军内有一支由刘步一土匪武装改编的人民自卫军，刘步一任团长。刘步一将敌十三军令其谋杀省党部鄂南巡视员漆昌元的信交给漆昌元，以示诚意，取得了特委的信任。特委将精锐力量集中到新店，与刘步一的人民自卫军会合，漆昌元、王钟等人被刘步一杀害，带去的部队全部被缴械。次日，特委率部队到新店，遭刘步一袭击，农军战士牺牲十余人，鄂南特委机关被打散，给鄂南暴动造成很大损失和困难。

鄂南特委领导面对危局，坚定不移，依

靠群众，迎难勇进，很快又动员数万人投入暴动。仅蒲圻就组织了两万多农民围攻县城，将敌人围困。在咸宁，咸通农军一路取胜，兵围县城。

由于各县与特委失去联系，各自为战，而敌人便趁机对各地农军进行包围，农军失利。值得一提的是，通山县委得知各县暴动失败，敌人将重点围攻通山，又不能及时联系上特委，遂于10月13日将通山县工农政府委员会机关和农军主动撤出县城，转移到南部的消水山、沉水山、九宫山一带坚持斗争。到年底，通山在东部和南部恢复了1000平方公里的红色区域。

鄂南暴动历时50多天，打响了全国秋收暴动第一枪，建立了八七会议后全国第一个县级红色政权，形成了最早的县级红色区域，共和国元帅罗荣桓从这里起步，并造就了一大批优秀干部，在湖北和湘鄂赣革命史上，乃至于在中国革命史上，都有着重要的历史地位。

…………

……9月初由通崇农民自卫军党代表罗荣桓等率领赴江西修水，参加了毛泽东领导的湘赣边界秋收暴动。随后，通崇农民自卫军约100人跟随毛泽东上井冈，参加了具有伟大历史意义的创建井冈山革命根据地的斗争。……

…………

鄂南秋收暴动还直接推动了黄麻起义和鄂南豫皖苏区的创建。领导鄂南秋收起义的符向一、吴光浩、刘镇一等把鄂南暴动的宝贵经验带到了黄麻，参加领导了著名的黄麻起义，为鄂豫皖革命根据地的创建打下了坚实的基础。

1927年9月，鄂东的黄安、麻城举行过暴动，没有成功。但是，黄麻9月暴动保存了相当数量的农民武装。省委立即派参加领导了鄂南暴动的符向一前往黄麻工作，并担任黄麻特委书记,成立鄂东革命委员会,组织领导黄安、麻城、黄冈、罗田等县的武装起义。符向一主持召开会议,"总结'九月暴动'和鄂南秋收起义的经验教训,决定加强和整顿两县农民武装,由潘忠汝、吴光浩分别担任黄安、麻城两县农民自卫军大队长"。此时,两县有组织的群众武装已达三万人以上,农民自卫军有340余支枪。

11月13日,由潘忠汝任总指挥、吴光浩任副总指挥的黄麻起义爆发,活捉反动县长贺守忠。18日,黄安县农民政府成立。此后,鄂东特委又根据省委指示,将黄麻两县农民自卫军改编为中国工农革命军鄂东军,潘忠汝任总指挥兼第一路司令,吴光浩任第二路司令。继黄麻起义胜利之后,黄冈、黄梅、广济、罗田等县也纷纷举行农民暴动,掀起土地革命高潮。12月底,黄安县城遭敌人重兵攻击后,鄂东特委和工农革命军领导人安排留下少数干部就地隐蔽斗争,其余转向黄陂木兰山一带打游击，成为探索坚持长期武装斗争正确道路的新起点。

1928年1月1日，鄂东军根据省委指示改编为中国工农红军第七军，吴光浩任军长，戴克敏任党代表。7月红七军改编为红十一军第一师，吴光浩任军长兼师长。11月，鄂东特委和红十一军领导人提出"学江西井冈山的办法"，成立鄂豫皖特别区。由于鄂东特委和红十一军领导人的艰辛努力，"使以柴山保为中心的鄂豫皖边根据地在1929年5月初步形成"。1930年，"3月成立以郭述申任书记的鄂豫皖边特委，4月成立以许继慎为军长的红一军，红三十一、三十二、三十三师分别改编为红一军第一、[第]二、[第]三师，全军共2100人"。6月召开鄂豫皖第一次工农兵代表大会，宣布成立鄂豫皖特区苏维埃政府，鄂豫皖苏区正式形成。

鄂东起义借鉴鄂南暴动的经验，也吸取

鄂南暴动的教训，参考鄂南暴动的方案，尤其是鄂南暴动的组织者不久又参加黄麻起义的领导，为鄂豫皖根据地和苏区的创建打下了良好的基础。让我们铭记他们的名字：

符向一，原名符福山，字向东，海南琼山县（今属海口市）大坡镇冯[文]官园村人，1902年8月出生。1927年8月5日，中共湖北省委制订了《鄂南农民暴动计划》，决定湖北秋收暴动以鄂南为中心。符向一奉命提前赴鄂南传达省委指示。鄂南秋收暴动失败后，符向一返回省委。1927年11月，领导黄麻起义并取得成功。1928年3月，因叛徒出卖，符向一在武汉被捕牺牲。

吴光浩，化名陈新，1906年生于湖北省黄陂县蔡吴家湾。1925年考入黄埔军校第三期，翌年加入中国共产党。参加著名的汀泗桥、贺胜桥和攻克武昌的战斗，后提升为营长。1927年9月，时任中共鄂南特委委员的吴光浩参加领导咸宁暴动，11月参与领导黄麻起义。1929 年 5 月初,途径罗田滕家堡时,遭敌突然袭击,壮烈牺牲。

刘镇一,中国共产党党员,省农民协会从事军事工作的干部,1927 年 9 月参加领导鄂南暴动。同年 10 月下旬,任鄂东革命委员会负责人,参与制定黄麻起义计划。黄麻起义夺取黄安县城后,任留守司令。1928 年 3 月,被捕就义[3]。

注:

①本文为节选,题目为编者所加。

②李城外系中共咸宁市委党史研究室主任。徐赐甲系中共咸宁市委党史研究室干部。

③中共咸宁市委党史研究室编《鄂南建立全国第一个县级红色政权研究》,中共党史出版社,2018,第98-104 页。

黄麻起义①

郭家齐②

（二）

9月，鉴于鄂南暴动即将开始，鄂东区工作渐趋重要，省委将鄂东分为大阳、黄蕲、黄麻三区，各区分别建立党的特别委员会。黄安、麻城同黄冈、罗田划为黄麻区。

10月中旬，黄安县委再派郑位三、戴季英去武汉向省委汇报了黄安"九月暴动"的情况（注：郑位三到武汉身染重病，回县即离职治病，故未参加起义）。与此同时，省委接到了麻城方面的报告，得悉两县尚有相当数量的武装力量和很好的群众基础，并已开始暴动，遂派符向一巡视黄麻区。10月21日，省委又获悉黄、麻两县逃武汉土豪劣绅请兵前往镇压农民暴动，省政府已决定派兵，并撤黄安县长李墨林职，调贺守忠任县长。据此，省委决定立刻派刘镇一、黄赤光二人前往指挥（注：黄赤光未到），并决定黄麻区特委由黄麻两县书记及刘镇一、黄赤光，再加二三个真正的农民领袖组成。同时，省委给黄麻区党组织一封指示信，再次强调实行土地革命的意义和黄麻两县的工作方针。指出："中国革命已进到土地革命的阶段，本党的任务就在把这个土地革命的责任担负起来。我们主要的斗争方法为游击战争，即组织许多农民游击队，在四乡普遍的杀戮土豪劣绅、政府官吏、大中地主，抗租、抗税、抗粮、抗捐，发展土地革命宣传与鼓动，并即时没收地主一切财产，并用很简单的方法，将土豪劣绅、大中地主的土地及一切公地分配给贫苦农民，实行耕者有其田。这个分配土地的工作非常重要，应看作比杀土劣更有意义。因为土地革命的对象为土豪劣绅、大中地主，而杀土劣地主的目的，即在农民取得土地，若不分配，则杀土劣成为没有意义了。但这是初步的分配，并不是科学的分配，手续愈简愈好。分配了土地，农民就会为保有其所得的土地而自动地起来斗争的，至于政治宣传口号是：暴动杀尽土豪劣绅，暴动没收一切田产，暴动抗租、抗税、抗粮、抗捐，暴动实行一切乡村政权归农民协会，暴动推翻武汉政府，暴动拥护叶挺、贺龙独立，农民革命万岁等，……在这个斗争中，应极力发展我们党的组织，把忠实勇敢的真正农民，加入我们的党，以党来做群众的核心，务做到这一个暴动是群众的暴动，同时在这个斗争中来训练同志，锻炼成铁一般的党员。"接着，省委于10月27日正式决定派符向一前往黄安任中共黄麻区特委（旋称黄安特委）书记。月底，刘镇一到达七里坪。此后，省委又加派吴光浩、王志仁到黄麻区领导暴动。

11月3日,省委派来的代表在七里坪文

昌宫第二高等小学召开了黄麻两县党团活动分子会议。会议决定："巩固工农运动，发展组织，改造黄、麻党团，把握自卫军（人枪共百余），并加紧训练。以黄安之潘家河、阮家店、箭厂河、程卜畈等地义勇队和麻城之乘马岗、顺河集的农民为主要依靠，加紧反豪绅地主，没收财产，加强义勇队办事处的工作。动员第二高小的学生到农村去发动群众，党团机关设七里坪，省代表留七里坪。麻城工作归黄安领导，计划打成一片，暴动日期再定。"会议根据省委指令和秋收暴动计划中之规定，成立了中共黄麻区特委和鄂东革命委员会，符向一任特委书记，刘镇一为革命委员会负责人；同时改组了黄安县委，由王志仁、戴克敏、戴季伦、曹学楷、汪奠川、潘忠汝、吴光洁、戴季英、詹道尊、田开寿（工人）、程昭续（农民）等组成，党团合组一个县委，王志仁任书记。

会后，两县县委负责人和一批坚定勇敢

的党团员分别下到各区，组织发动群众，准备武装暴动。黄安的曹学楷、戴克敏、戴季英、吴焕先、陈定侯、郑友梅、王秀松等分别到七里、紫云、城区、桃花、高桥等区，麻城的蔡济璜、刘文蔚、徐其虚、王树声等到乘马、顺河区发动群众。

11月10日，敌三十军魏益三部一个营由黄安城进犯七里坪。黄、麻两县县委决定，由麻城调一部分快枪，帮助黄安农民自卫军去缴七里坪三十军一个营的枪。当天晚上，自卫军出发到观音阁（离七里坪十里），因马伏走漏消息，三十军早有准备，一面派人赴县城求援，一面开南门逃走。11日，农民自卫军进驻七里坪，杀豪绅地主，肃清反动派。农民群众第一次进攻敌军，看出了敌人软弱，认识了自己的力量，革命勇气倍增，坚定了胜利的决心。当即在七里坪召开了两万多人的庆祝大会，会后举行了游行示威。接着黄麻特委在文昌宫召开了第二次会议。

会议认为武装暴动已准备就绪，决定夺取黄安县城。成立黄麻暴动行动指挥部，由潘忠汝、吴光浩、戴季英、曹学楷、戴克敏、吴焕先、刘文蔚等组成，潘忠汝为总指挥，吴光浩为副总指挥。

11月13日，声势浩大的黄麻暴动开始了。黄麻特委调集黄安农民自卫军全部，麻城农民自卫军两个排，及七里、紫云等区千余精锐义勇队，组成攻城部队，于当天夜10时，浩浩荡荡向黄安县城进发。黄安七里、紫云、城区、桃花、高桥、二程等区成千上万的群众积极响应，配合作战。麻城农民自卫军另一个排留在黄（安），光（山）、麻（城）交界之北界河负责警戒，以防河南红枪会进犯。李先念、詹才芳、王树声、陈再道亦分别率领群众武装参加了暴动。14日晨4时，攻城部队在城内群众配合下，自卫军在前打先锋，义勇队继其后，由城西北角攀梯而上，一举攻入城内，全歼县警备队，缴枪30余支，活捉县长贺守忠、司法委员王治平、改组委员三人和土劣15名，并没收县署、改组委员会等一切财物，计子弹90箱，被子百余条，军钞数百元。起义军仅在攻城时牺牲一人。占领县城后，张贴了鄂东革命委员会布告，宣布此次暴动的意义，要商家照常贸易。下午4时，得侦探报告，三十军一个团已进到离城20里的地方。起义军决定将缴获物资运往后方七里坪，处决了贺守志、王治平等人。晚6时，起义军由北门撤出城，敌由西门进来。敌进县城后，恐惶万分，一夜不敢入睡，于15日晚逃走。

起义军返回七里坪后，15日即着手成立黄安农民政府筹备处，并作好进城的准备。16日，起义军很有秩序地向黄安城开进。还组织了宣传队，张贴布告和标语，宣传夺取政权，成立农民政府，打倒土豪劣绅，打倒武汉政府，实行土地革命的意义。沿途群众和城市商民，纷纷鸣炮欢迎，高呼"拥护农民革会军!""把护鄂东革会委员会!""拥护中国共产党!"等口号。革命气氛异常热列。

18日,在黄安城南门外校场岗召开万人大会,宣布成立黄安县农民政府,由曹学楷、程昭续等九位委员组成,曹学楷为主席。会上,曹学楷发表了演说,他说:"我们种田佬,每年除了完粮饷送钱把大老爷,或者是被土劣贪官抓着打屁股、关牢和砍脑壳以外,再不敢进大老爷的衙门。但是,今日我们种田佬、担粪的,公然自己组织政府,自己做起委员来了。这点证明我们革命的力量,证明现在是劳农世界,无产阶级的世界了。"讲演时,全场热烈鼓掌,杂以"呵嗬"之声。接着是鄂东革命委员会代表刘镇一演说,报告全国各地暴动情形。继有黄麻特委代表符向一演说,说明此次暴动是中国共产党领导的,并报告党的暴动政策,工农只有中国共产党能为他们谋解放,只有中国共产党是工农救苦救难的"菩萨",欢迎劳动农友加入共产党。当时在会场报名入党的有数十人。至此,会场热烈至极,群众高呼"农民政府万岁!""拥护中国共产党!""杀尽土劣贪官!""实行土地革命!"等口号。大会行将结束时,又枪决了土劣数人,群众痛快异常。当日,农民政府发出通电、告民众书;黄安县委亦发出告黄安农民书,共约数万份。19日、20日,黄安各区纷纷开庆贺大会,到会群众共达7万多人。麻城同志听说黄安农民政府成立,派出21名代表前来祝贺,并表示:"你们已经抓到了权柄,故有今日这样的好处。我们回去也一定照你们这样去抓到权柄!"就在联欢大会上,21个代表中未入党的15人当即报名加入党的组织。黄陂、黄冈、罗田及河南的光山、商城等县也纷纷派代表前来祝贺,准备回去暴动。

继农民政府成立之后,黄麻特委又将参加暴动的黄、麻两县农民自卫军改编为中国工农革命军鄂东军,黄安自卫军为第一路,麻城自卫军为第二路。奉黄陂县委指示，由徐海东率领的一支有七条步枪的黄陂农民自卫军，在配合黄麻暴动以后，也编为工农革命军。全军共 300 余人。潘忠汝为鄂东军总指挥，吴光浩、刘光烈为副总指挥，潘忠汝兼第一路司令，吴光浩兼第二路司令，戴克敏为鄂东军党代表兼第一路党代表，刘文蔚为第二路党代表，汪奠川为参谋长。鄂东军总指挥部设在县城孔庙内。黄、麻两县的义勇队共有 4 万人，遂以区成立指挥部，戴季英、吴焕先、郑友梅分别为黄安七里、紫云、城区的指挥；徐其虚、王树声、桂步蟾为麻城乘马、顺河等区的指挥。地方工作以"武装群众"为中心，并对光山反动红枪会发起进攻，以防鄂、豫两省反动派联合夹攻新生的政权。11 月 20 日，光山红枪会派 30 多名代表来黄安求和。特委派代表以农会名义与之谈判，并动员他们回去搞暴动。

黄安农民政府和鄂东军成立后，符向一

去麻城等地巡视，黄安工作由刘镇一负责。黄安城内迅速建立革命秩序，商店照常营业，学校继续上课，县工会的工人纠察队也恢复了活动。但黄安南乡的反动势力仍有猖獗，他们利用红枪会、白枪会、大刀会等反动武装，组织所谓"保产党"，同农民政府对抗。黄麻特委决定打击这些反动势力，扩大起义的胜利成果。11月26日，特委命令鄂东军第一路司令潘忠汝率全路快枪70多支并驳壳队，携带农民政府的宣传品，并组织宣传大队，到县南开辟工作。他们经桃花区到达八里区，县南农民见工农革命军南下打土劣，非常高兴，各持手棍、矛子、扁担同革命军一起打土劣，并与八里塆土劣的红枪会百余人作战，当场打死一半，缴枪50余支。接着，八里塆附近三四千农民集会举行暴动，四处捕杀土豪劣绅，没收其财产，掀起了县南农民革命的高潮。

当鄂东军主力南下以后，反动派纠集黄

安县西部河口一带 400 余土匪，企图乘虚袭取县城。留守县城的少数起义武装同全城工农群众紧密配合，农民政府同县农协、总工会协调一致，在刘镇一的率领、指挥下，终于打退了土匪的围攻。各地农民群众万余人闻讯星夜赶至县城增援，南下军队也挥戈北伐，胜利保卫了黄麻起义的革命旗帜。

与此同时，麻城县委在西张店等地举行集会，庆祝黄麻暴动胜利，并在西张店王家祠召开了 500 余人的农民大会。会后，捕捉了当地大土豪陈霞庭，没收了他的全部财产，在麻城掀起了土地革命的热潮。

上诉情形表明，黄麻起义是在"八七"会议精神和湖北省委秋收暴动计划指引下发动的，在黄麻特委领导下进行的。参加起义的武装力量，主要是黄、麻两县的农民自卫军和农民义勇队。这次起义的主要领导人有：潘忠汝、吴光浩、符向一、刘镇一、曹学楷、戴克敏、王志仁、汪奠川、戴季英、吴焕先、王秀松、蔡济璜、刘文蔚等。起义胜利后，立即建立革命政权和工农革命军，把黄、麻地区的革命斗争推进到一个新的阶段。

（三）

黄麻起义的胜利，鼓舞了人民，震慑了敌人。国民党中央社 11 月 29 日发自汉口的电讯中称："鄂东黄安被农军盘踞，且其势更比前蔓延。该县城自上月被攻陷，县长贺守忠及司法委员、清党委员、各局所委员等 16 人均被杀。此后旬日，农民踪迹已遍全县。……组织农工政府，大倡土地革命，贫苦农工附从者已达万人。"此时，桂系军阀打败了汪精卫、唐生智集团，进占了武汉，当即电请驻河南潢川之国民党十二军任应岐部向黄、麻两县"进剿"。在强大的敌人面前，刚刚诞生的工农革命军鄂东军，为了保卫革命政权，与敌人展开了英勇顽强的斗争。这一斗争虽然受挫，起义军退出了县城，但保存了党领导的武装力量，以百折不挠的革命精神，继续高举土地革命和武装斗争的旗帜，走上了工农武装割据的正确道路。

12月初，国民党十二军教导师闻清霖部，自豫南进攻麻城西张店，图犯黄安城，当即遭到乘马、顺河等地农民武装的抗击。敌乃改变进攻计划，取道宋埠、尹家河，于12月5日奔袭黄安城。城内守军，开始视为土匪来犯，据城固守，与敌展开英勇的抗击，县城附近的农民武装亦纷纷驰援。战斗自晚12时到翌日4时，虽打退了敌人的多次进攻，但终因敌众我寡，城门被敌攻破，工农革命军和农民义勇队同敌反复拼杀才突出敌人的包围，解放21天的黄安城又陷敌手。这次战斗，我军伤亡很大，县委书记王志仁在南门牺牲，鄂东军总指挥兼一路司令潘忠汝在东门身负重伤牺牲。

敌人占领黄安县城后，8日又进占麻城。

随后侵入七里坪、檀树岗、乘马岗、顺河集等地。土豪劣绅和反动分子趁势还乡，勾结国民党军进行报复。各个村庄被烧掠一空，大批革命干部和群众惨遭杀害。黄安七里区防务会的宣传股长张南一、七里坪工会负责人秦绍勤、麻城县委书记蔡济璜、鄂东军第二路党代表刘文蔚、麻城农会委员长刘象明等先后遇难。黄安县中部和北部的贫苦农民被杀者数以千计。麻城一次被屠杀的革命群众达400余人。反动派妄图以残酷手段将黄、麻地区的革命镇压下去。但是，已经燃起的革命烈火是扑灭不了的。

12月中、下旬，从黄安城突围出来的工农革命军和义勇队，又陆续到紫云区，原想在黄麻北部进行游击，但不能立足。吴光浩、戴克敏、曹学楷、戴季英、汪奠川、吴焕先等在木城寨举行会议，决定暂避敌锋芒，将突围出来的同志，除留吴焕先、吴先筹、甘济时、程昭续等少数人在当地坚持斗争外，大部分人转移到黄陂木兰山。会后，在箭厂河附近之闵家祠堂集合了72人，有42支长枪、11支短枪，经七里坪北折向南进，29日到达木兰山。1928年1月1日，工农革命军鄂东军改编为第七军，吴光浩任军长，戴克敏任党代表，汪奠川任参谋长。这时，由于符向一、刘镇一先后离开黄麻地区，就以吴光浩、戴克敏、曹学楷、戴季英，汪奠川五人组成了新的黄麻特委。③

黄麻起义主要领导人再探讨

汪季石[①]

翻开所有论及黄麻起义的党史、革命史、现代史教材、专著和通俗读物（其中包括《鄂豫皖革命根据地斗争史简编》《红安县革命史》《鄂东革命史略》《黄麻起义》《中共党史大事年表》等权威性的专著），大家都一致认定黄麻起义的主要领导人是潘忠汝、戴克敏、吴光浩。

然而，在我反复核查和研究关于黄麻起义所有可信有价值的资料后，认为黄麻起义主要领导人应该是符向一、刘镇一、吴光浩，而不应该是潘忠汝、戴克敏、吴光浩。下面就这一结论作如下分析，供各位史学同仁参考。

一

黄麻起义是继"南昌起义"和"湖南秋

收起义"之后，在长江以北地区爆发的第一次大规模的农民武装起义。这次起义是在党的"八七"会议精神指导下，由湖北省委亲自指导，黄麻特委直接组织发动的一场武装革命。从组织范围来讲，湖北省委是这次起义的总指挥，而黄麻特委则是起义具体组织领导机构。因此，也可以这样说，由湖北省委委派的黄麻特委的主要负责人就是黄麻起义的主要领导人。那么黄麻特委的主要负责人有哪些呢？要正确了解黄麻特委负责人的情况，就得首先了解黄麻特委成立及组织发动武装起义的简要经过。

蒋介石、汪精卫反革命政变后，黄麻地区同全国其它[他]地区一样，革命遭受了巨大的损失和破坏。"八七"会议后，鄂东人民在鄂南暴动的鼓舞下，也掀起了著名的"九月暴动"，但由于党的"八七"会议精神没有深入贯彻，加之地方反动势力的疯狂反扑，"九月暴动"不得不宣告停止。

就在鄂南暴动失败后的 10 月中旬，湖北省委听取了黄安县委的汇报，同时又接到麻城方面的报告，始知黄安、麻城尚有革命同志坚持斗争，拥有一定的武装力量和群众基础，并开始了"暴动"。于是决定将组织发动武装暴动的工作重心转移到黄麻地区。省委决定将黄安、麻城、黄冈、罗田四县划为"黄麻区"，派汪玉堂先往作军事工作，又派符向一巡视该区。遵照省委指示，符向一迅速赶至黄麻地区，但未见汪玉堂踪迹。符向一在七里坪、邱家畈向黄麻两县党团员进一步传达了"八七"会议精神和省委暴动计划，并积极开展暴动的组织发动工作。

10 月 21 日，省委又接报告："（一）我们在黄安之七里坪地方，有群众万人，枪二三百支，现又缴了县城自卫军械二三十支，共有枪百四五十支。（二）现在已杀土豪十余人，土劣惧而来武汉者共四五十人，纷纷呈请政府派兵前往。省政府已决定派二连人（警卫一团的）前往镇压，撤换县长，大约一二日即行启程。昨 20 日，该县逃来武汉之土劣已开会决定前往屠杀，并同去作向导。（三）七里坪之同志，尚将土劣十余人送县长收押而不直接枪决，可知其不明了土地革命的意义""因此省委决定立刻派刘镇一、黄赤光二人前往指挥，并决定该区特委由麻、黄两县书记及镇一、赤光再加入二三个真正的农民领袖组织之"。同时对黄麻区的工作方针作了明确的指示："中国革命已进到土地革命之阶段，本党的任务就在把这个土地革命的责任担负起来。我们主要的斗争方法为游击战争，即组织许多农民游击队，在四方普遍的杀戮土豪劣绅、政府官吏、大中地主、抗租抗税抗粮抗捐""没收地主一切财产，并用很简单的方法，将土豪劣绅大中地主的土地一切公平地分给贫苦农民，实行耕者有其田。这个分配土地的工作非常重要""分配了土地，农民就会为保其所得土地而自动起来斗争""在这个斗争中，应积极发展我们的组织，把忠实勇敢的真正农民，加入我们的党，以党来做群众的核心。务做到这一暴动是群众的暴动，同时在这个斗争中来训练同志"。

月底，刘镇一到达七里坪，未见黄赤光行踪，为了进一步加强对黄麻地区的暴动工作的领导，省委紧接着又派来吴光浩、王志仁，协助符向一，刘镇一全面负责黄麻地区的暴动工作（符向一、刘镇一、吴光浩均参加并领导了鄂南九月暴动，符向一作政治工作，刘镇一、吴光浩负责军事指挥。鄂南暴动失败后，省委决定派他们再来黄麻地区领导暴动）。

11月3日，符向一、刘镇一、吴光浩、王志仁等省委派来的代表在七里桥文昌宫第二高等小学召开了黄麻两县党团活动分子会议。会议决定："巩固工农运动，发展组织，改造黄麻党团，把握自卫军，并加紧训练，以黄安之潘家河、阮家店、箭厂河、程卜畈等地义勇队和麻城之乘马岗、顺河集的农民为主要依靠，加紧反豪绅地主，没收财产，加紧义勇队办事处的工作。党团机关设七里坪。中央代表（应为省委派出代表符向一等）留七里坪，麻城工作归黄安领导，计划打成一片，暴动日期再定。"会议根据省委指令和"两湖暴动计划"中之规定，宣布成立以符向一、刘镇一、吴光浩、王志仁为主要成员，符向一为书记的黄麻特委和以刘镇一为书记的鄂东革命委员会，负责领导暴动事宜。

11月10日，根据形势的需要，黄麻特委决定暴动开始，首先攻占具有战略意义的七里坪，建立大暴动的根据地。11月11日，暴动队伍在特委的指挥下，"进七里坪，杀豪绅地主，肃清反动派。农民群众第一次进攻敌军时，看出了敌人的软弱，认识了自己的力量，革命勇气更加百倍，同时也增强了他们进攻的决心"。根据当时黄麻各地已成熟的革命形势，特委在七里坪文昌宫召开第二次暴动会议，决定暴动攻占黄安县城。为了保证暴动按计划有序地进行，特委决定组建暴动总指挥部，并确定行动总指挥为吴光浩、副指挥为刘镇一，口令是"暴动，夺取县城"。会后，特委迅速动员了黄安七里、紫云、城区、桃花、高桥等区和麻城的乘马、顺河两区的群众约二十万，其中配合自卫军攻城的武装群众约二万。暴动的准备工作已基本就绪。

11月13日，黄麻起义攻占黄安县城的战斗打响，由于特委指挥得当，战斗进展顺利。14日，暴动的革命群众占领了黄安县城，武装暴动的胜利旗帜插上了黄安城头。特委为了把革命继续引入深入，进一步巩固武装暴动的胜利成果，领导组建了大别山区第一个革命政权——黄安县农民政府和第一支工农革命军——鄂东军。这次武装起义的主要负责人刘镇一、符向一先后代表鄂东革命委员会和黄麻特委在成立大会上发表了重要讲话。特别是黄麻特委书记符向一向大会报告了全国各地暴动情况和党的暴动政策，明确指出这次暴动是共产党领导的，只有共产党才是工农劳苦大众"救苦救难的菩萨"。

黄麻起义胜利后，为了继续扩大革命势力，特委书记符向一去麻城等地巡视指导工作，推动麻城等地的革命进程。特委另一重要负责人刘镇一留守黄安，继续领导黄安的革命斗争。

1928年初，黄安县城失陷后，符向一、刘镇一奉省委命令回到武汉，并于同年被叛徒出卖，英勇就义。吴光浩继续领导突出重围的革命队伍，转战木兰山，直至创建鄂豫边革命根据地。

故此，我们完全有理由说，符向一、刘镇一、吴光浩是黄麻起义的主要负责人，并应毫不含糊地写进历史。

二

为什么说潘忠汝、戴克敏不是主要负责人呢？要回答这个问题，我们只要看看潘忠汝、戴克敏两人在黄麻起义爆发前后的革命经历就知道了。

首先让我们来认识一下潘忠汝：潘忠汝，1906 年 4 月 8 日出生于湖北黄陂县潘家湾一个农民家庭。1924 年考入武汉中学，在董必武、陈潭秋等同志的教育引导下，走上了革命道路。1926 年考入黄埔军校，不久在黄埔军校加入中国共产党。1927 年夏结业回湖北，被董必武派赴黄安县警察局任军事教练，积极参与革命活动。但由于潘忠汝到达黄麻地区较晚，来时组织遭到严重破坏，这时黄安县没有领导机关，只有留在七里坪活动的黄学楷、戴季英等人过问一些日常工作。而这时又与上级党组织失去联系。所以直至省委派遣符向一、刘镇一、吴光浩等来黄麻组织领导暴动前，潘忠汝在黄麻起义的准备过程中所起的作用不大。到特委成立后，改造黄麻党团组织，重建黄安县委时，他才成为县委委员，参与起义的领导工作。起义胜利后，组建工农革命军——鄂东军，他出任鄂东军第一路司令，率部接受特委命令在黄安南部开展革命斗争，并参加领导了黄安城保卫战，最后壮烈牺牲，时年21岁。

再让我们来看看戴克敏在起义前后的一些情况：戴克敏，1906年生于湖北黄安县紫云区上戴家村。其父戴雪舫是一个具有爱国主义思想的知识分子，以教书为业。戴克敏自幼便受其父爱国主义思想的影响。1924年，戴克敏考入武昌第一师范附属高级小学，在董必武、陈潭秋等人教育影响下，走上了革命道路。1925年底加入中国共产党。1926年，升入"一师"师范班学习。10月，他以国民党湖北省党部农运特派员身份到黄安指导工作。1927年3月，他又受黄安党组织的委派到武昌中央农民运动讲习所学习。学习期间，撰写了《农民运动在中国革命运动中的地位》一文，接受了毛泽东关于"农民问题是中国革命的根本问题"的正确主张。5月，随农讲所学生军驰援麻城，平定麻城会匪叛乱。6月初返汉后写了《剿灭麻城会匪的经过》一文，一时引起了较强烈的反响。7月初，戴克敏在农讲所学习期满后回黄安，任黄安县委委员、县农民自卫军大队长。"七一五"反革命政变后，黄安党组织遭到严重破坏，党的革命活动不得不由公开转入地下，尽管戴克敏、曹学楷等人仍在坚持革命斗争，但影响不大，党组织一度陷入瘫痪状态。直到湖北省委派来暴动组织者符向一、刘镇一、吴光浩后，黄麻地区党组织才又全面恢复革命活动。11月3日，符向一、刘镇一在七里坪文昌宫第二高等小学主持召开黄麻两县党团活动分子会议，宣布成立了统一领导黄麻地区武装暴动的黄麻特委（书记为符向一），并改组了黄安县委，戴克敏为县委委员，参与黄麻地区暴动的领导工作（因为当时麻城县委还没有恢复、麻城的工作划归黄安领导）。黄麻起义胜利后，特委根据省委的指示，组建了工农革命鄂东军，戴克敏任党代表。黄安城失陷后，戴克敏同吴光浩一道率领鄂东军转战木兰山，先后任第七军党代表、红三十一师党代表，在吴光浩的率领下，为鄂豫皖革命根据地的创立作出了重大贡献。由此看来，戴克敏无疑是黄麻起义的领导人之一，但同时也必须指出的是，在黄麻起义的高潮时期，他起的作用和影响不大，比起符向一、刘镇一、吴光浩，他仅仅是个配角而已，所以我们说，尽管戴克敏算得上黄麻起义的负责人，但绝算不上是主要负责人。

综上所述，我们完全有理由认定：潘忠汝、戴克敏参与领导了黄麻起义，并作出了重要贡献（尤其是戴克敏，在黄麻起义后期转战木兰山时期他协助吴光浩做了大量工作），是黄麻起义的领导人之一，但不是起义的主要领导人。②

注：

①汪季石系湖北黄冈师范学院马克思主义学院书记，教授、硕士生导师。

②汪季石：《黄麻起义主要领导人再探讨》，《江汉论坛》2001 年第 8 期。

黄麻特委领导爆发了
著名的黄麻暴动

——兼以澄清不是鄂东特委领导
黄麻暴动的史实

胡中秋[①]

　　黄麻暴动,是中国共产党历史上的一次著名的农民暴动。1927 年"四一二"和"七一五"事变,使得轰轰烈烈的中国大革命运动失败。为挽救革命,中国共产党在汉口召开紧急会议,史称"八七"会议。"八七"会议,确立了以农村包围城市,武装夺取政权的革命路线和方针、政策。根据"八七"会议精神,中共湖北省委制订了秋收暴动计划,并通报到各地,尤其是黄安(今红安),因为黄安是农民运动的重点地区,曾被反动政府斥为"赤色县"。

　　党的"八七"会议精神和湖北省委的农

民暴动计划，在黄安地区迅速得到了传达和贯彻。11月3日，黄麻特委在七里坪文昌宫召开黄[安]、麻[城]两县党的活动分子会议，传达省委关于组织黄麻暴动的指示，总结黄安"九月暴动"和鄂南暴动的经验教训，同时，成立了黄麻暴动行动指挥部，潘忠汝为总指挥，吴光浩为副总指挥，曹学楷、戴克敏、戴季英、吴焕先、刘文蔚、汪奠川、王秀松、王志仁等分别担任行动指挥部各项组织领导工作。会议决定，以黄[安]、麻[城]两县农民自卫军为骨干，发动群众武装，首先夺取黄安县城，然后建立工农革命政权和革命军队。暴动时间定为11月13日晚10时，口令是"暴动，夺取黄安城！"。会议结束后，黄麻特委和行动指挥部的负责人分头抓紧工作。11月13日晚至14日凌晨，经过激烈的战斗，暴动队伍夺取了黄安城。暴动胜利了，革命的红旗第一次插上了古老的黄安城头。

这次黄麻暴动，是中共黄麻特委领导的。中共黄麻特委，是大革命失败以后中共湖北省委直属的领导开展农民运动的几大特委之一。但是，在一些研究黄麻暴动的文章、专著中把这一特委误认为是鄂东特委，把黄麻特委领导黄麻暴动这一历史事实误认为是鄂东特委领导的，有的军战史资料汇编把1927年12月14日《关于黄麻暴动经过情形给中央的报告》的作者"黄安特委"误改为"黄安县委"，以致讹传至今，未获纠正。为了还历史的本来面目，澄清在这个问题上存在的一些混乱，现对黄麻特委的历史特作如下考证。

一、黄麻特委成立的经过

1927年"七一五"以后，八九月间，根据省委农民部提出的暴动计划和中央制订的《两湖暴动计划决议案》，湖北全省划分为武汉、鄂东、鄂南、鄂北、鄂中、鄂西、京汉路等7个工作区域、并要求各区成立特别委员会。鄂东特委管辖黄梅、广济、薪春、薪水、罗田、应城、黄安、阳新、大冶、鄂城、黄冈等县。特委机关设在黄梅。省委对鄂东的工作十分重视，曾派同志到鄂东各县去开展工作，但派去的同志均[因]不能与地方党组织接上关系而返回武汉，省委农民部只好改派鄂东的同志回乡就地开展工作。后来，又派梅电奎去鄂东巡视，督促各县农委的工作，旋即批准组成以梅电奎为书记的鄂东农运指导委员会，以便统一指挥。

不久，省委认为鄂东区的工作仍然跟不上斗争形势的发展。为了加强领导，省委于9月又将鄂东区分为三个区：

（一）大阳区，管辖大冶、阳新、鄂城三县，以石炳乾为书记，王觉新、林育英为委员，组成该区特别委员会，机关设于大冶。

（二）黄薪区，管辖黄梅、广济、薪春、薪水四县。该区特别委员会组织以前，省委已派梅电奎负责指挥，并指示该区的中心机关"以建立于黄梅、广济间为适宜",并同意吴致民留该区工作。

（三）麻黄区，管辖黄安、罗田、麻城、黄冈四县。

省委最初决定派吴致民前往麻黄区负责，并指示该区要同大阳区、黄蕲区、京汉路区密切联系，中心机关"以建立黄冈、麻城之间为最适宜"。因黄梅工作的需要，吴致民当时未赴该区。9月18日，曾任罗田县委书记的麻城李济棠到汉口，省委当即令其回麻城暂代吴致民的工作。10月中旬，刘申到汉报告麻城情形：有枪百余支，群众约1万。省委农民部亦令其回到麻城。继又有麻城孙士正报告，麻城有农民自卫军，党能指挥的群众达1万，不少地方已分配土地，领导人是共产党员徐恩庶、汪汉翘、徐其虚、刘文蔚等；黄安七里坪有群众两三万人，快枪四五百支，已开始打土豪，领导人是共产党员戴季伦、戴克敏等。于是，省委又派汪玉堂前往作军事工作，并决定符向一去巡视该区。10月21日，省委又得到关于黄安情形的报告："我们在黄安之七里坪地方，有群众万人，枪二三百枝，现又缴了县城自卫军械二三十枝……。"因此，"省委决定立即派刘镇一、黄赤光二人前往指挥，并决定该区特委由麻[城]、黄[安]两县书记及镇一、赤光再加入两三个真正的农民领袖组织之。同时并给一封信告以土地革命之意义，及该区工作之方针"。湖北省委农民部在1927年10月写的《湖北农民暴动经过之报告》中曾明确表示："目前既派得力同志前往，又因省委指示之工作方针，只要该区特委能够坚决的做下去，最短期间，必能暴动起来，造成割据局面。"从上述分区可以看出，在麻黄区（后改称黄麻区）成立的特委是黄麻区特委，而不是鄂东特委，这从同年12月12日湖北省委常委向湖北省委扩大会议的报告中得到了证实。这个报告指出，鉴于鄂东为战争中敌我必争之地，省委于10月27日正式派符向一去"担任黄麻区特委书记的工作"。接着，省委又派吴光浩、王志仁前往参加指挥起义。刘镇一、符向一、吴光浩、王志仁等相继到达黄安，按照省委的决定，11月3日在黄安七里坪文昌宫第二高等小学召开黄[安]麻[城]两县党团活动分子会议，宣布成立了以符向一为书记的黄麻特委和以刘镇一为首的鄂东革命委员会。

二、黄麻特委领导了黄麻暴动

黄麻特委成立后的主要任务就是领导发动黄麻暴动。在符向一去担任黄麻特委书记时，省委明确令他"尽可能的发动黄麻农民群众起来斗争，夺取溃败军的武装，占领县城"。为此，黄麻特委做了大量工作，主要是：

（一）同黄安县委一道，指挥黄安农军，并抽调麻城一部分快枪队，于11月10日开始进击占据七里坪的国民党二十军一个营。

敌兵闻风逃离，农军于次日开进七里坪。在这里建立了黄麻暴动部队的可靠后方。

（二）同黄安、麻城两县县委一道，领导黄麻暴动武装和广大农民群众于11月12日开始向黄安县城进攻，次日破城，缴了县公安局的20余支枪，活捉县长（贺守忠）、司法委员（王治平）、改组委员等数名反动头目和10余名土豪劣绅，占领了县城，宣告了黄麻暴动的胜利。

（三）当国民党二十军的一个团向黄安县城开进的时候，特委组织暴动部队于11月14日晚主动撤至七里坪，并和县委共同指定各农协负责人组成黄安农民政府筹备处，以此对全县农民作政治号召。

（四）国民党二十军进占黄安县城的一个团慑于暴动部队的声威，于15日晚退去。次日，特委和县委率暴动部队浩浩荡荡再次进占县城，18日领导召开农民政府成立大会。特委书记符向一在会上发表讲话，说明这次暴动是党领导的，指出中国共产党是工农群众的救星。

（五）黄安农民政府成立后，又领导组成了以潘忠汝、吴光浩、戴克敏、刘文蔚、汪奠川为主要领导人的中国工农革命军鄂东军（共约 240 支枪），并于 11 月 26 日命令鄂东军第一路司令潘忠汝率部南下打土豪，消灭反动武装红枪会，发动县城南路农民群众奋起斗争。

（六）暴动部队主力南下后，特委（这时因符向一已去麻城，实际上由刘镇一主要负责）组织指挥留守县城的暴动武装，在广大群众的配合下，打退了 400 余名土匪武装的多次围攻，坚守县城，保卫了黄安革命政权。

黄麻特委领导了黄麻暴动，是有据可查的确凿史实。这时的黄麻特委，又叫黄安特委。《中共党史资料》1982 年第 4 期上刊载《黄安县委关于黄麻暴动经过情形给中央的报告》(1927年12月14日),据查对,原件题为《中共黄安特委关于黄麻农民暴动情况的报告》,报告最后署名为"湖北黄安特委 一九二七年十二月十四日"。从报告的内容、口气来看,也是黄安特委而不是黄安县委的报告。可以说,"黄安县委"纯系"黄安特委"之误。这份报告对于黄麻特委领导黄麻暴动的情形,作了充分的反映和肯定。

三、黄麻暴动后的黄麻特委

1927年12月5日,国民党十二军任应歧部袭击黄安,黄麻暴动部队进行策略转移,次日退出县城,开向黄安北部,主力随后即转到黄陂木兰山,在木兰山和黄冈的大崎山等地开展游击战争。这时,由于黄安特委(不久又改称黄麻特委)要随暴动部队行动,不可能对所辖黄冈、罗田的工作进行指挥,省委便于12月下旬将黄冈、罗田和黄蕲区所辖蕲水合为一区,组成一临时特委,明确规定,当黄安特委返回黄麻,这一临时特委即行撤销，恢复原区划。1928年2月6日，省委在给黄冈县委的指示信中，再次肯定黄冈、蕲水、罗田三县设一临时特委，并以邱群生任书记。2月10日，省委将全省各特委辖区作了新的变更，但仍然确定黄冈、罗田、蕲水暂时划为一区，并指出："因为黄安特委现在很困难指挥黄冈的工作，故暂将此三县划为临时特委。"不久，临时特委就正式定名为中共黄罗蕲特委，以罗四维任书记。这样，黄麻特委原辖区又一分为二，黄安特委管黄安、麻城和黄麻暴动部队的工作；黄罗蕲特委则管黄冈、罗田、蕲水三县的工作。

关于黄麻特委从1927年12月6日撤出黄安县城以后一直随暴动部队行动的史实，还可以从1928年2月29日中共黄罗蕲特委书记罗四维和黄冈县委书记陈卫东给省委的报告中得到证实。这个报告有一项是"对于黄麻特委、黄安县委及第七军的意见"。

由于黄麻特委率暴动部队工农革命军第七军（由工农革命军鄂东军改编而成）于2月2日游击到黄冈大崎山南面的金鸡场以后，同黄罗蕲特委领导的工农革命军第六军会合，遭到国民党军队的围攻，第七军遂转回黄陂，未能执行双方原定反围攻计划，黄罗蕲特委对此有意见，故报告中气愤地说："黄麻特委……应即撤销，黄安县委应另行派人改组，第七军另行派人改编，他们……到黄冈一切行动，都应追究，分别予以处分。"这虽是个过激的意见，却清楚地反映了黄麻特委直接领导第七军开展游击活动的一段历史。

1928年4月，黄麻特委率第七军返回黄安。从此，黄麻特委就在黄、麻一带，在鄂豫边界，领导开辟工农武装割据的局面。

四、黄麻特委同鄂东特委的区别与联系

1927年至1928年，湖北省委曾三次建立鄂东特委。现在之所以怀疑黄麻特委的存在，并将其误认为是鄂东特委，既与不了解黄麻特委的历史有关，也与不了解鄂东特委的历史有关。

1927 年 8 月，第一次建立鄂东特委，辖有黄梅、广济、蕲春、蕲水、罗田、应城、黄安、阳新、鄂城、大冶、黄冈等县。特委机关设于黄梅。这时黄麻特委还没有成立。9 月，鄂东区被划分为大阳、黄蕲、麻黄三区并分别建立特委时，鄂东特委就不存在了。

1928 年 2 月 10 日，省委常委决定将全省划分为 9 个区，分别成立 9 个特委。这时，第二次建立鄂东特委，辖黄梅、广济、蕲春、蕲水四县，即原黄蕲区特委所辖范围。不久，鄂东特委辖区扩大，原大阳区所属各县划归其管辖。同年 10 月，省委制定湖北秋收暴动计划时又重新划区，撤销了鄂东区，将其分为黄广区（即原黄蕲区的范围）和大阳区（即原大阳区的范围）。而黄麻特委从这年

2 月起一直存在，所辖范围仍为黄安和麻城。虽然 10 月间省委曾经决定将黄麻、京汉路两区合并为鄂东北区，但并未立即实行，黄麻、京汉路两区特委仍然存在，直到 11 月 21 日中共中央批准湖北省委委员名单时，其中的"余某"后面特注明为"黄麻特委书记，农民领袖"。

同年 11 月，湖北省委制定组织工作计划时，又将黄冈、黄梅、广济、蕲春、蕲水、阳新、大冶 7 县合为鄂东区，在该区设立省委办事处；将黄安、麻城、罗田、黄陂、孝感、应山、应城、云梦、安陆、京山等县合为鄂东北区，该区也设立省委办事处。后因鄂东北省委办事处没有建立起来，才成立了管辖黄安、麻城、光（山）南等地的鄂东特委。（由工农革命军第 7 军改编而成的红 11 军亦归其指挥）这是第二次建立的鄂东特委。只有这一次建立的鄂东特委的管辖区同原黄麻特委的辖区才基本一致。

五、黄麻区的撤销

1929年4月2日，湖北省委举行会议，讨论决定将京汉、黄麻（鄂东）两区正式合并为鄂东北区，成立鄂东北特委，机关设于黄陂、孝感交界处。会后，受中共中央派遣的胡彦彬前往该区指导合并工作。同月，黄麻、京汉路两区举行各县联席会议，选举产生了鄂东北特委，常委为徐朋人（书记）、王秀松（组织部部长）、徐宝三（宣传部部长兼秘书）；执行委员为卢玉成、曹学楷、曹香村。会议还决定请河南信阳中心县委介绍一工人党员来此任特委委员。于是，黄麻区正式撤销。与此同时，有一些区建立的省委办事处一律撤销。后在由黄广区、大阳区合并而成的鄂东区建立了新的鄂东特委，只是这时就不再有并存的黄麻区特委了。

黄麻暴动，是中国共产党历史上的一次重大事件，在党史上具有十分重要的地位和意义。黄麻暴动已经过去90多年，一些专家学者对黄麻暴动的历史作了多方面的有益的研究与探讨，并取得了可喜的成绩。特别是黄麻暴动的成功之说，校正了长期以来党史学界黄麻暴动失败、受挫的观点。黄麻暴动成功的主要原因，一是党组织的正确领导；二是有一个足智多谋的领导人才集团；三是灵活运用了游击战术；四是吸取了鄂南和黄麻9月暴动的经验教训；五是天时地利。黄麻暴动成功的主要标志，一是通过黄麻暴动建立健全了党、政、军组织；二是为后来鄂豫皖革命根据地建立和发展打下了坚实的基础。另外，研究黄麻暴动的历史在资料征集、史实考证上也有多方面的突破。

黄麻暴动，是树立在大别山上的一座不朽的红色丰碑。在中国特色社会主义现代化建设的新时代，更要大力加强黄麻暴动历史的研究与宣传，全面贯彻落实习近平总书记"要把红色资源利用好，把红色传统发扬好，把红色基因传承好"的指示精神，充分发挥大别山红色文化现实作用。[2]

注：

①胡中秋系中共湖北省委党史研究室副巡视员。

②胡中秋:《黄麻特委领导爆发了著名的黄麻暴动——兼以澄清不是鄂东特委领导黄麻暴动的史实》，《黄冈师范学院学报》2019 年第 4 期。

符向一烈士革命生涯

王林兴

南昌起义、秋收起义不久，湖北省爆发了近20万农民参加的黄麻起义（亦称黄麻暴动），其中有2万多农民参加攻占黄安县城，成立了黄安县农民政府和中国工农革命军鄂东军（红四方面军前身）。黄麻起义走出了2位国家领导人和126位开国将军。令人惊喜的是，领导这次起义的中共黄麻特委书记符向一，是海南人。由于符向一远离家乡，在岛外参加革命，加上时间久远，史料散落，他的革命事迹鲜为人知。而我知道符向一，也是几年前的事情。为了编写《王大鹏烈士史料研究》一书，我查阅了《海南省志·人物志》，无意间发现与王大鹏相邻的"符向一"一名与众不同，便浏览其内容。当我看到"符向一领导鄂南秋收暴动……领导黄麻起义"的记载时，心中感到十分激动，对符向一烈士的敬仰之情油然而生，为有这样的同乡感到自豪，决心挖掘整理有关史料，把符向一烈士的英雄事迹讲给大家听。

投身琼崖革命

符向一，1902年出生于琼山县文官园村一个贫农家庭，原名符福山。在新加坡做小生意的叔父的支持下，上文官园小学读书。聪明好学，成绩优异，有"过目成诵"之美誉，深受老师同学的称赞。琼崖中学毕业后，于1924年考入上海东华大学，与在上海读书的琼籍学生许侠夫、陈秋辅等人一起创办《琼崖讨邓月刊》，揭露封建军阀的罪行，传播马克思列宁主义思想。同年，与王文明、陈垂斌、叶文龙、罗文淹、黄昌炜、周逸、郭儒灏等组织琼崖新青年社，出版《琼崖新青年》（半月刊），并为杂志撰写文章。1925年加入中国共产党，5月参加五卅运动。

1926年1月，符向一随国民革命军渡琼讨伐反动军阀邓本殷。2月，担任中共琼崖特别支部委员会委员、共青团琼崖特别支部书记。3月，被委派组织共青团琼崖地方委员会，同时担任广东省农民协会琼崖办事处书记。5月初，前往临高县视察指导工作，指导临高县筹备建立中共组织。在此期间，还到琼山县、澄迈县开展农民运动。后离琼参加北伐战争，代表广东农民协会随军宣传并发展两湖（湖南、湖北）的农民组织。1926年底，符向一奉命到湖北开展革命工作。

组织鄂南暴动

1927年，蒋介石在上海发动"四一二"反革命政变。不久，汪精卫在武汉策动"七一五"叛变，下令"清党"，取缔工会、农会等革命群众组织，不少共产党员和革命群众惨遭杀害。为反抗国民党反动派，中共中央于8月7日在武汉召开了紧急会议（史称八七会议），决定发动以湖南、湖北为中心的各省农民举行秋收暴动。同时，中共中央派毛泽东去湖南领导秋收起义。中共湖北省委派符向一去领导鄂南暴动，在特委成立前，全权指挥工作。需要说明的是，《鄂南农民暴动计划》是中共中央领导瞿秋白、李维汉、罗亦农参与研究制定的。因此，派符向一去组织领导鄂南农民暴动，应是中共中央与湖北省委的共同决定。对此，我感到非常惊讶！中共中央和湖北省委为什么把历史重任交给符向一？我反复查阅有关文件史料，终于找到答案。

符向一于1925年加入中国共产党，1926年3月任广东省农民协会琼崖办事处书记。北伐战争开始后，符向一代表广东农民协会随军北上，沿途开展农民运动，支持北伐军作战，有丰富的斗争经验。北伐军攻占武汉后，符向一留在湖北工作，积极投身湖北农民运动。1927年3月，湖北省第一次农民代表大会召开，代表会员81万余人，中共中央农民运动委员会书记毛泽东等8人为名誉主席，符向一等17人被推选为执行委员。湖北省农协设6个部，符向一为调查部部长。会议期间，毛泽东同志会见了全体代表，并作了重要讲话，极大地调动了符向一等代表的革命积极性。至同年6月，湖北全省农协的会员发展到284.2万余人。因此，经历过琼崖革命和北伐战争洗礼的符向一，成为鄂南暴动的主要组织者。

8月初，符向一带领暴动组织者46人奔赴鄂南，其中农运干部40人、军事干部6人。正在武昌中山大学读书的罗荣桓成为鄂南暴动的其中一名组织者。符向一等人到达蒲圻后，在月山庙召集党员干部会议，传达中央八七会议精神和省委秋收暴动计划，随后把大家分派各县，指导建立暴动委员会，建立农民武装，惩办土豪劣绅，夺取地主武装的枪支弹药，攻占城镇。8月10日，符向一到崇阳召开县委紧急会议，传达鄂南秋收暴动指示。8月14日，崇阳农军在洪下劫船，夺取地主武装的枪支弹药，打响鄂南秋收暴动第一枪。8月20日，崇阳、通城两县暴动委员会在通城举行暴动，夺取县城，宣布成立崇阳通城农民自卫军，罗荣桓、王武扬分别担任党代表和总指挥。随后宣布成立通城县劳农政府，朱春山任主席。8月下旬，通山县各乡村先后暴动，30日占领县城，建立通山县工农政府委员会。

符向一主持鄂南暴动工作，得到两任省委书记罗亦农、陈乔年的充分肯定。其间，崇阳、通城、通山县等条件成熟的县率先发动较大规模的农民暴动，拉开了鄂南秋收暴动的序幕，为鄂南特委成立和鄂南总暴动打下了很好的基础。对此，中共中央党史研究室原副主任石仲泉说："作为开辟湘鄂赣苏区前奏的鄂南三县秋收起义，可以说打响了全国秋收起义的第一枪，奏响了以毛泽东为代表的中国共产党人探索中国特色革命道路的革命交响乐的第一串音符。"

8月26日，中共鄂南特委成立，湖北省军委书记吴德峰任书记，符向一等为委员。虽然职务变了，但符向一始终以党的事业为重。当时，敌两个团向通城扑来，形势危急。符向一临危受命，去通城指导工作，经详细分析敌情，同意撤出通城。9月4日，罗荣桓等带领崇阳、通城农民自卫军到江西修水集结，编为工农革命军一师一团警卫连，参加毛泽东领导的湘赣边界秋收起义。罗荣桓后来成长为中华人民共和国元帅。

9月9日，农军在中伙铺车站劫军运火车，鄂南总暴动开始。随后，鄂南特委决定将特委机关移至新店。而在10日发生的"新店事变"中，符向一差点牺牲。驻在新店的由土匪改编的"人民自卫军"叛变革命，特委机关及随行人员刚到新店，便遭到伏击，符向一奋勇还击，冲出重围，死里逃生。回到省委后，符向一奉命带队三返鄂南失败，最后一次遇险，几乎全队牺牲。10月13日，通山县工农政府委员会机关和农军主动撤出县城，鄂南秋收暴动失败。

鄂南暴动的生死考验，使符向一的革命信仰更加坚定，意志更加坚强。鄂南暴动的经验教训，使符向一的领导能力不断提高，斗争艺术越来越成熟，中共湖北省委更加信任符向一。

领导黄麻起义

10月中旬，中共湖北省委收到有关情况报告，决定派符向一巡视黄安、麻城。随后，省委决定将黄安、麻城、黄冈、罗田县划为黄麻区。10月底，省委任命符向一为中共黄麻特委书记，组织领导黄麻起义。当时，黄麻地区处于白色恐怖之中，仅黄安县被通缉的共产党员就有 92 名，第 1 名是董必武。中共黄安县委转移到七里坪，中共麻城县委转移到乘马岗。因此，符向一到达黄安后，首先恢复党团组织。

11 月 3 日，符向一在七里坪文昌宫第二高等小学召开黄安、麻城两县党团活动分子会议，成立中共黄麻区特委和鄂东革命委员会，符向一任特委书记，刘镇一为革命委员会负责人；同时改组了黄安县委，由党团合组一个县委，王志仁任书记。会上，符向一对暴动准备工作进行部署。会后，两县县委负责人和一批坚定勇敢的党团员分别下到各区，组织发动群众，准备武装暴动。当时，王秀松、詹才芳、李先念等同志，分别在黄安县高桥、桃花等区组织武装起义；王树声、陈再道等同志在麻城县乘马区准备武装起义。同时，两县党组织派人到武汉，通过董必武购买枪枝弹药。

11月9日，举行宣誓大会。会后，符向一起草了宣言，提出"以革命继续革命，以革命发展革命""打到武汉去""打到南京去""耕者有其田""一切被压迫被剥夺的人联合起来"等主张，并在邮政局七里坪代营所发快邮代电，将宣言寄送省城。

11月11日，符向一在文昌宫召开了第二次会议。会议认为武装暴动已准备就绪，决定夺取黄安县城。成立黄麻暴动行动指挥部，由潘忠汝任总指挥，吴光浩为副总指挥，并把暴动日期定为11月13日。

11月13日，吴光浩带领突击队首先攻城，在城内尖刀班的配合下，攻下北门。随后突击队直冲东门，打开城门，成千上万的农民冲进城里，黄麻起义胜利了！中国共产党领导的农民起义胜利了！直到黄麻暴动时，动员起来的农民群众约20万，配合自卫军攻城的武装农民2万余人，实际上黄麻两县当时所有的人都动员起来了，男的、女的、老的、少的，都出动了，呈现天翻地覆、势不可遏的群众革命暴力。当时流传的一首歌谣，就是对农民暴动的生动写照："小小黄安，真不简单。铜锣一响，四十八万。男将打仗，女将送饭。"

11月18日，黄麻特委召开万人大会，宣布成立黄安县农民政府。在政府主席曹学楷和鄂东革命委员会代表刘镇一讲话后，符向一发表演说，说明此次暴动是中国共产党领导的，并报告本党的暴动政策，告诉工农阶级只有中国共产党能为他们谋解放，只有中国共产党是工农救苦救难的菩萨，中国共产党欢迎劳苦农友入党。当时在会场报名入党者数十人。随后，黄麻特委召开了庆祝中国工农革命军鄂东军建军大会，特委书记符向一宣布了特委关于将黄麻两县农民自卫军改编为工农革命军鄂东军的决定，将黄安县农民自卫军改编为工农革命军鄂东军第一路，将麻城县农民自卫军改编为工农革命军鄂东军第二路。潘忠汝同志为鄂东军总指挥兼第一路司令，吴光浩同志为鄂东军副总指挥兼第二路司令，汪奠川同志为鄂东军参谋长，戴克敏同志为鄂东军党代表兼第一路党代表，刘文蔚同志为鄂东军第二路党代表。工农革命军鄂东军成立，标志着中国共产党领导的人民军队在荆楚大地诞生了，为创建红四方面军打下了基础。随后，符向一去麻城等地巡视，推动了麻城等地革命形势的发展。

黄麻起义的胜利，震撼了武汉等地的敌人。为了扼杀新生红色政权，12月5日夜间，国民党十二军教导师突然奔袭黄安县城，激战4个多小时后，鄂东军突围出城。鄂东军总指挥潘忠汝、黄安县委书记王志仁等壮烈牺牲。此后，麻城县委书记蔡济璜、第二路军党代表刘文蔚亦相继被捕，英勇就义。12月下旬，中共黄麻特委和鄂东军的领导符向一、吴光浩、戴克敏、曹学楷等同志，在黄安县的北乡木城寨举行会议。对吴光浩提出的到木兰山去活动的建议，大家一致赞成，从而保存了革命火种。会后，符向一取道麻城返汉，向省委汇报黄麻暴动和鄂东军的情况。

当吴光浩带领鄂东军于1927年12月29日到达木兰山时，接到中共湖北省委指示，1928年1月1日，工农革命军第七军正式成立，吴光浩任军长，戴克敏任党代表，汪奠川任参谋长。第七军以木兰山为中心，开展武装斗争。同年7月，第七军改编为中国工农红军第十一军三十一师，吴光浩任军长兼师长，戴克敏任党代表，曹学楷任参谋长，陈定侯任政治部主任。随着边界武装割据形势的发展，至1929年6月，以柴山堡为中心的鄂豫边革命根据地初步形成。不幸的是，1929年5月，军长吴光浩在战斗中牺牲。随后，中央派徐向前（中华人民共和国元帅）接任吴光浩职。与此同时，豫南、皖西的商城、六安、霍山起义，建立了红三十二、三十三师。1930年5月，三支红军队伍组成红一军，许继慎任军长，徐向前任副军长。同时，鄂豫皖革命根据地形成，郭述申任中共鄂豫皖特委书记。1931年11月7日，中国工农红军第四方面军在黄安县七里坪成立，徐向前任总指挥。红四方面军在经过第一、第二、第三次反"围剿"斗争胜利后，主力红军发展到5万人，革命根据地扩展至20余县，人口350多万。黄麻起义的星星之火，终于形成燎原之势，革命烈火燃遍了整个大别山区。

由此可见，黄麻起义是中国共产党历史上的一次重大事件，在党史上具有十分重要的地位和意义。黄麻起义创建了中国工农革命军鄂东军，成为后来中国工农红军第四方面军建军的起点，在军史上同样具有重要的地位和意义。黄麻起义走出2位国家领导人和126位开国将军，更是为人们所传颂。他们是中华人民共和国代主席董必武、中华人民共和国主席李先念；开国大将徐海东、王树声；开国上将许世友、王宏坤、陈再道、郭天民、周纯全、王建安、韩先楚、陈锡联、刘华清、秦基伟、王诚汉、谢富治；开国中将詹才芳等23位；开国少将肖永正等89位。

1927年12月14日，中共中央政治局常委、湖北特委书记苏兆征召开湖北省委扩大会议，重新选举中共湖北省委，恢复省委职权。符向一在没有参加会议的情况下，被中央任命为中共湖北省委常委，化名胡一，负责指导农村武装斗争。1928年3月，因叛徒出卖，中共湖北省委机关被敌人破坏。符向一和夏明翰（共和国100位英模之一）、向警予（共和国100位英模之一）等310多人先后被捕，在武汉英勇就义。

学党史，忆先烈。当我们沿着英雄的脚

印，追思昨天的战斗，就会明白生命的意义，明白今天的幸福生活来之不易。我们要把符向一烈士的光辉事迹世世代代讲下去。要教育青少年一代发扬红色传统，传承红色基因，赓续共产党人的精神血脉，发扬大无畏的革命精神，为建设新时代中国特色社会主义而努力奋斗！

解读史料中的符向一

王林兴

1927年秋，中共中央在全国组织发动秋收暴动。在湖北，符向一和战友们组织领导了震惊全国的鄂南暴动和黄麻起义。可是长期以来，符向一烈士的事迹并没有引起史学界应有的重视，如权威的史志或写个简介，或一笔带过，或只字不提；甚至有的歪曲事实，篡改历史。更令人气愤的是，有的文章诬蔑符向一是叛徒，欺骗读者，严重损害了符向一烈士的名誉，实在令人痛心。为此，笔者以《湖北革命历史文件汇集》为依据，解读符向一在鄂南暴动和黄麻起义中的地位和作用，以及符向一被捕牺牲的真相，以期引起权威部门和史学工作者的重视，使广大读者了解真实的符向一，以告慰烈士在天之灵！

一、符向一全权指挥鄂南暴动组织工作

1927年8月，中共中央制定了《中共中央关于湘鄂粤赣四省农民秋收暴动大纲》和《两湖暴动计划决议案》，大纲中明确指示："现即须组织湘南特别委员会，受省指挥，于交通不灵通时得有独立指挥此委员会所能活动的地方工作。特委：夏曦、郭亮、泽东、卓宣（书记泽东）。"①

同时，中央和中共湖北省委确定南部为湖北起义的中心，并制定了《鄂南农民暴动计划》。据1927年10月《中共湖北省委关于湖北农民暴动经过之报告》（以下简称《省委报告》）记载："省委自决定湖北农运策略后，即于阳历八月初派符〔符〕向一赴鄂南，令其在该区特委未组织成立以前，全权指挥该区工作。同时并决定该区中心机关，应设于蒲圻。向一到蒲圻后，即召集同志开会，宣布目前行动策略及宣传要点，该附近之农民同志五十余人，当即动员出发，拟捉五个

土豪，仅捉获四个，附带捉获数人，杀一人，惟技术不好，杀了许久都没有杀死，又被其逃到湖里，乃号召农民三百余人，围湖呐喊，再派同志五、六人脱衣持刀下湖，始将其刺伤淹死。鄂南之骚动工作，遂之此时开始，向一同志并派人到各县工作，未几，复得比较详细之报"。②也就是说，符向一是特委成立前的鄂南暴动总指挥。随同符向一到鄂南组织暴动的有 46 人，其中军事干部 6 人，如吴光浩、刘镇一；农运干部 40 人，其中有刚走出大学校门的罗荣桓，参与领导通城暴动后，带领通崇农军参加毛泽东领导的湘赣边秋收暴动，后来成长为中华人民共和国元帅。特别是，符向一在蒲圻召开会议后，附近白墅桥农民当即出发，打击土豪劣绅，"鄂南之骚动工作，遂于此时开始"。省委把 9 月 9 日鄂南暴动以前的历次暴动均称为"骚动"，因此白墅桥农民暴动也被称为"骚动"。换而言之，在符向一的动员下，8 月初的白墅桥骚动拉开了鄂南暴动序幕。8月10日，符向一到崇阳部署暴动，整编农民武装；14日早晨，崇阳农军在洪下劫船暴动，打响鄂南暴动第一枪；8月20日，崇阳和通城农军在通城暴动，建立了"八七会议"后全国第一个县级红色政权。

同时，符向一于8月16日向省委写了书面报告，详细记述了鄂南暴动的准备情况和最近工作，《省委报告》记载："（一）简单宣传目前行动之必要，扩大宣传；（二）整理各地党部，健全组织；（三）县与特委工作联络；（四）分配农部派去同志工作。"这为中央和省委提供了指导秋收暴动的决策依据。

二、符向一的工作得到省委领导的肯定

1927年12月，中共湖北省委原书记罗亦农在《罗亦农对于湖北问题的答辩》中说道："C. Y. 同志又说未注意以党的组织去发展争斗，这亦不是事实，只要拿鄂南暴动之前做一证据，便可证明 C. Y. 同志之造谣。

当八月初省委派符向一等四十余同志至鄂南工作时，鄂南几无党组织。八月二十左右我与任旭同志至鄂南开各县负责同志的会议，决定会议完后，各负责同志还乡即召集党员大会或代表大会改组各级党部，结果有二分之一旧的不好的分子落选，二分之一新的积极分子当选。同志在很短的时间内，鄂南五县增加至二千二百余人。各区各乡农民协会亦开群众大会与执行委员会联席会议。在九月十日举行总暴动之前党与农民协会又开群众大会或代表大会（根据符向一同志报告），如此工作方法，何得谓非以党的组织去发展与领导争斗？……"③

　　1928年1月，中共湖北省委原书记陈乔年等领导在《陈乔年、任旭、黄五一对湖北问题的总答辩》中指出："秋暴计划刚决定，即派符向一同志去鄂南主持，首先召集蒲圻全县党员大会报告秋暴计划。蒲圻近郊农民同志四十余人当在开会的第二天，即号召近郊农民群众开始杀土豪劣绅，恢复农会。鄂南其他各县的发动，大概都是这样。八月二十左右，鄂南特委又召集各县负责同志大会，参加各县党员大会或代表大会等，改组各级党部，发展组织，发动群众暴动，开群众大会等等。如此鄂南暴动果是一时的号召，并未以党的组织及群众的政治宣传去发展争斗吗?!……"④以上两份史料有力证明，两任省委书记及有关领导，对符向一组织领导鄂南暴动的工作予以充分肯定。因此，史学工作者应实事求是记述符向一在鄂南暴动中的贡献。

三、符向一任中共鄂南特委委员

《省委报告》记载：收到符向一1927年8月16日写的报告后，由"省农部乃写一封信给他。……此信去后……蒲圻方面继续骚动起来，咸宁方面则于短期之内杀死六个建国军，省委旋即派吴德峰参加该区特委工作。至八月二十二日，得其报告，未言及工作……省委未久，再派黄赤光前往参加该区特委工作，该区特委遂正式成立，由省委指定吴德峰任书记。八月二十七日该区复来信报告"。从文件中的时间分析，省委 8 月 22 日"得其报告"，8 月 27 日收到"该区复来信"，表明吴德峰、黄赤光先后于 8 月 21 日和 8 月 26 日到鄂南。因此，鄂南特委正式成立时间应为 8 月 26 日，吴德峰任书记，符向一、黄赤光等任特委委员。

人们不应忘记的是，符向一委员到通城指导工作的这段历史。《省委报告》记载，9 月 8 日，鄂南特委向省委报告：通城、崇阳农军"离开前一日，向一就至该处。谈无把握而归。崇阳亦受此影响，未能解决一切"。也就是说，通崇农军撤离时，特委委员符向一在通城，这到底是怎么回事呢？首先，8 月 20 日通城暴动建立红色政权后，国民党湖北省政府又新任通城县长。为此，鄂南特委于 9 月 2 日向省委报告："现新县长号召民团围城攻打我们农军甚急，闻新县长又在向省城请兵。"在这危急关头，特委派符向一去通城指挥，要求坚守到9月9日鄂南总暴动。其次，据亲历者徐子恢回忆："9月4日，王武扬、罗荣桓率通城、崇阳农民革命军500多人、400多支枪和通城党政人员100余人枪，浩浩荡荡向通城东部前进，当晚宿营麦市镇⑤。"由此确定，符向一是9月3日到达通城。再次，"谈无把握而归"，是指在通城暴动委员会和农军领导人会议上，符向一"谈"了特委的指示，大家"谈"了敌强我弱的态势，同时"谈"了联系江西修水驻军的情况。经过反复谈论，觉得"无把握"守城至9月9日。符向一根据实际情况，同意通崇农军向修水撤退，随后回特委汇报。如果当时符向一坚决执行鄂南特委指示，命令农军死守通城，以待参加9月9日总暴动，后果是不堪设想的。因此，罗荣桓带领通崇农军到修水参加毛泽东领导的湘赣边秋收起义，符向一功不可没。

　　奇怪的是，通城暴动时，符向一是鄂南总指挥；通崇农军离开时，符向一就在通城。可有关通城的研究资料，却没有关于符向一的记载，实在令人不解。

四、符向一在新店事变中死里逃生

　　《省委报告》记载："特委于决定不攻城之后，即将所有精华，往新店与人民自卫军集合，图合嘉鱼。……特委会次日去，因不见昌元面，疑有变故。因将来人皆住在山上，只留谢一寰及符[符]向一二人去接洽。……一环[寰]忽见其前面不远有一个士兵，来即跪下，作射击状，并回头呼叫'班长！班长！'似要射击命令的样子。遂告诉向一，立刻逃走，立时枪声齐发，被捕卫队、交通、挑夫各一人，而特委则被打得四散。"此后，符向一、谢一环[寰]、吴德峰和黄赤光等先后回到省委。"省委均令他们马上回鄂南领导暴动。但先后由阳新、大冶、九江三处走了三次，均不能到鄂南，而大冶一次，符向一、黄赤光等四人还遇险，几被完全牺牲。"从上述文献记述，我们看到符向一不仅机智地逃出了敌人的埋伏，而且冒着生命危险欲回鄂南，哪怕是遇险也在所不辞，充分体现了符向一的优良素质和英雄气慨。此后，符向一离开了鄂南，留在省委工作，开始了新的战斗征程。

五、符向一先后三次巡视鄂东

鄂南暴动后，鄂东区的工作渐趋重要，为便于组织暴动，省委将鄂东区分为三个区，即大阳区、黄蕲区、麻黄区，然后加强对鄂东的巡视指导。《省委报告》记载："至10月8日，该区开始行动起来，初得交通口头报告，未敢相信，嘱其速回，带详细书面报告来。继得汪玉堂来报告，只知孔垅镇失败，未知县城方面之情形。省委决定派符向一为鄂东江北二区之特派员"。这是符向一第一次巡视鄂东。不久，"又有一麻城同志孙士正来，报告麻城情形，与刘之十月中旬来所申说者无异。根据孙士正报告之要点……省委据此报告，乃派汪玉堂先往作军事工作，又决定派苻[符]向一巡视该区。"这是符向一第二次巡视鄂东。另，1927年12月《中共湖北省委常委向湖北省委扩大会的报告》记载："十月二十六号省委第八次常会决定'目前紧急争斗决议案'后……符向一去鄂东巡视指导。"⑥这是符向一第三次巡视鄂东。也就是说，在一个月里，省委先后三次派符向一巡视鄂东，而现在人们记述的常常只有前两次巡视，显然是不准确的。同时，说明省委对组织鄂东暴动十分重视，对符向一的高度信任，为黄麻暴动从组织上做好准备。

六、符向一任中共黄麻特委书记

《中共湖北省委常委向湖北省委扩大会的报告》记载："省委曾于□月□日派符向一同志在担任黄麻区特委书记的工作。"

另《省委报告》记载:"并决定该区特委由麻、黄两县书记及镇一、赤光再加入两三个真正的农民领袖组织之。"后来,由于黄赤光另有任用,加派吴光浩、王志仁参加特委工作。

值得商榷的是,文献中符向一任职时间缺字,许多史学工作者认为符向一是10月27日任中共黄麻特委书记。但从上文时间看,27日省委派"符向一去鄂东巡视指导",而"巡视指导"是巡视员的职责,说明符向一27日尚未任中共黄麻特委书记。因此,笔者认为,符向一是巡视结束回省委汇报后,才被任命为中共黄麻特委书记,时间约为10月31日。

随后,符向一、刘镇一、吴光浩、王志仁等前后前往黄安县七里坪,于11月3日召开黄麻两县党团活动分子会议,宣布成立中共黄麻特委,符向一任书记;成立鄂东革命委员会,刘镇一为负责人;恢复黄安县委,王志仁任书记;整编农民自卫军,潘先汝、吴光浩分别任正、副总指挥；并部署暴动工作。据《黄安县委关于黄麻暴动经过情形给中央的报告》（以下简称《黄安报告》）记载：为组织宣传发动群众，符向一"走到麻城北乡第十三乡农民协会"，与十几个农民烤火开会。黄安农民"非常气愤的对符向一"说协会"开了三回都开不成"⑦的情况，符向一向农民介绍了咸宁、蒲圻的办法。11月9日，黄麻特委在七里坪召开暴动宣誓大会。"宣誓大会后，符向一起草了宣言，提出'以革命继续革命，以革命发展革命'、'打到武汉去'、'打到南京去'、'耕者有其田'、'一切被压迫被剥削的人联合起来'等主张，并在邮政局七里坪代营所发快邮快电，将宣言寄送省城。"⑧宣言喊出了农民暴动的最强音，极大地鼓舞了农民参加暴动的斗志，极大地震撼了武汉国民党反动派当局。

七、符向一演说并宣布成立鄂东军

11月13日，暴动的农民攻进黄安县城。

18日，黄安县农民政府成立。《黄安报告》记载：在成立大会上，农民政府主席曹学楷、鄂东革命委员会代表刘镇一先后发表演说，"继则有党的代表符某[符向一]演说，此次暴动是C. P. 领导的，并报告本党的暴动政策，告诉工农阶级只有C. P. 能为他们谋解放，只有C. P. 是工农救苦救难的菩萨，本党欢迎劳苦农友入党云云(当时在会场报名入党者数十人。"从此，符向一关于"共产党是菩萨"的精辟语言，通俗易懂，为广大工农群众所接受，广为流传，产生了很好的政治影响。

黄安县农民政府成立大会后，"紧接着，中共鄂东特委召开了庆祝中国工农革命军鄂东军建军大会，并在教场岗举行了隆重的阅兵式。首先，中共鄂东特委负责人宣布了特委关于将黄麻两县农民自卫军改编为工农革命军鄂东军的决定"⑨。显然，文中"鄂东特委"是笔误，当时省委成立的是"黄麻特委"，特委负责人就是特委书记符向一。符向一宣布中国工农革命军鄂东军的成立，标志着中国共产党领导的人民武装在湖北诞生了，鄂东军成为中国工农红军第四方面军的前身。后来，有关部门编写红四方面军军史时，符向一被列入红四方面军烈士名录。可见，符向一是红四方面军创始人之一，人民将永远记住他。

八、符向一参加木城寨会议

据黄麻起义亲历者戴季英回忆，12月5日，黄安县城失陷后，我们"就到了木城寨。在木城寨召开了一次领导人会议。吴光浩、曹学楷、戴克敏、戴季英、汪奠川、廖荣坤、徐其虚、江竹青都参加了，符向一也到了会。会议认为，鄂东军不能老停留在中心区，要打出圈圈，把敌人撵走，减少中心区的损失。当即，吴光浩提出到木兰山去活动，大家一致赞成，确定在木兰山活动三个月再回来，不脱离黄麻。会后，符向一取道麻城返汉"。⑩

另据亲历者王树声大将、陈再道上将、詹才芳中将回忆："12 月下旬，当地党组织和工农革命军的一些领导人吴光浩、戴克敏、曹学楷等在黄安北乡之木城寨举行会议，为了保存力量，坚持斗争，决定留少数人枪就地坚持斗争，将大部分人枪转移到敌后游击。"⑪

根据上述资料，"当地党组织"应为中共黄麻特委，而且符向一参加了会议。笔者认为，按照党的组织领导原则，木城寨会议这段史实应如实记述：中共黄麻特委在木城寨召开了党政军领导人会议，会议由特委书记符向一主持。特委委员、鄂东军副总指挥吴光浩，鄂东军党代表戴克敏，黄安县农民政府主席曹学楷等参加了会议。经过充分讨论，大家一致赞成到木兰山开展游击活动。会后，符向一取道麻城返汉，向省委汇报黄麻起义和鄂东军的情况。

九、符向一任中共湖北省委常委

1927 年 12 月《中共湖北省委扩大会议

记录》记载：1927 年 12 月 14 日，中共湖北省委召开扩大会议，选举新省委，经投票表决，"决定省执行委员名单如下：贾波臣、张金保、余茂怀、林海、黄金山、叶开寅、余鹏举、余长彬、夏桂林、沈国桢、程建勋、施大法、陈少苏、王大祥、郭亮、贺昌、王嘉福、符向一、黄五一、龙大道"⑫。会后，中央指定符向一为湖北省委常委。需要说明的是，参加会议的有各区特委书记，但符向一忙于黄麻暴动工作，没有参加省委扩大会议。在缺席会议的情况下，符向一从 30 位候选人中被投票选为委员，然后由中央指定为湖北省委常委，充分说明同志们和党中央对符向一的信任，对他未来更好地为党工作寄予很大的希望。

十、符向一由时任省委书记刘伯庄指定为代理省委书记

1928 年 5 月 8 日，中共湖北省委原书记刘伯庄在《刘伯庄对中央给其处分的申诉》

中写道：我同昆庸[锟镛]谈，"如果向一被捕了，省委只有我一人，我走了省委工作自然要委托汉口市委暂代……当时并没说他马上代理省委工作，还说如果向一未被捕，当然不成问〔题〕，还是向一代理书记，且交有钱要他转向一。到第二天知道向一未被捕，且会着了向一，又才同向一谈，当然与昆庸[锟镛]谈的话完全无效……"⑬

　　这到底是怎么回事呢？原来，3月18日夏明翰常委被捕后，准备离汉去沪的省委书记刘伯庄同汉口市委的霍锟镛说，如符向一常委也被捕，由你代理省委工作；如符向一未被捕，则由他代理省委书记。3月21日，刘伯庄准备离汉的当天下午见到符向一，谈了代理书记的事。不久，符向一被捕牺牲。对此，笔者认为，时为革命战争年代，在特殊情况下，上级指定下级为代理负责人，是经常有的事情。省委书记刘伯庄在离开武汉时，指定符向一代理书记，符合组织程序，是合情合理的。所以，符向一代理中共湖北省委书记的史实应予承认。

十一、符向一牺牲时间是 3 月下旬

1928 年初，武汉先后出现了 30 余名叛徒，中共湖北省委、团省委均遭到严重破坏。1928 年 5 月，《中共湖北省委给中央的报告》中记载："九、湖北的党在三月五号以后，由省委负责人起一直到下层下级党的支部，可以说几乎完全被屠杀。不但党如是此，而 C.Y. 亦如此，三月五号，C.Y. 省委秘书处破坏起，到四月二十五号止，每日平均在武汉三镇枪决的同志有'六人'，党团牺牲了的干部在三百一十几人以上。符向一、夏明翰、黄赤光（省委常委）、马俊三（汉市书记）、魏人俊（武市书记）、任开国（省委秘书长）、石炳乾（京汉区书记）、刘镇一（鄂中特委常委）、向警予（省委宣传科长，女同志）……等都在此时牺牲的。"⑩在上述牺牲烈士名单中，符向一名列第一位，其中，夏

明翰、向警予于 2009 年被评为"100 位为新中国成立作出突出贡献的英雄模范人物"。令人气愤的是，有些书报刊道听途说，歪曲历史事实，无视中共湖北省委给中央的报告，把符向一烈士说成是叛徒，严重破坏了烈士的形象，损害了烈士的名誉。这里需要说明的是，关于符向一被捕牺牲的时间，据刘伯庄记述，他"走的以前第三天下午会着向一"，知道向一晚上"必去找明翰"，"当动身的那下午，向一亲到我的地方来"⑮。史料记载，夏明翰是 3 月 18 日被捕的，以此时间推算，刘伯庄与符向一最后会面的时间是 3 月 21 日下午。因此，符向一牺牲的时间是 3 月下旬。

十二、符向一撰写黄麻暴动情况报告

中共中央党史资料征集委员会、中共中央党史研究室编的《中共党史资料（一九八二年　第四辑）》，发表了湖北省红安县党史资料征编办公室提供的《黄安县委关于黄麻

暴动经过情形给中央的报告》(以下简称《报告》),全文12000多字,记述了黄麻农民暴动的经过情况,具有很高的史料价值。1983年12月,中央档案馆、湖北省档案馆编《湖北革命历史文件汇集(一九二七 —— 一九三四)》时,把标题改为《中共黄安特委关于黄麻农民暴动情况的报告》。随后,在史学界引起讨论。究竟报告是谁写的? 是黄安县委,还是黄安特委? 是黄麻特委,还是鄂东特委? 众说不一,未见定论。在此,我提出不同的看法。

最近我有幸拜读《报告》,受益匪浅,并把《报告》收录在《符向一烈士史料研究》一书中。在校对书稿时,我觉得"手灯"读不顺口,不知是何物。思索时,无意中用海南方言复读,不料答案随口而出:"手灯"就是手电筒啊! 顿时,心中豁然开朗,我赶紧再找几个难懂的句子,用海南方言解读。结果,内容全读懂了。如"不打平不能安身",

"打平"即"打倒""打垮"的意思（例如"嘉积镇被台风打平"）；又如"将东、南、西三门用砖土塞起"，"塞起"即"堵起来"；还有"令店户于今晚门首悬挂灯烛"，"门首"也叫"门头"，指"门口"。"黑腿杆子的农民代表会"，"腿杆子"叫"脚筒杆"，指小腿。同时，"开场锣鼓""种种色色"等词句，也是从海南习惯用语演化而来。显然，这是海南人写文章留下的方言印记。毫无疑问，写《报告》的是海南人。此外，《报告》中用第一人称"我"，如"我走到麻城北乡第十三乡农民协会"；并以"作者"称谓："这个报告因作者在仓促间草成，多未能详尽，就此声明"。由此可见，这是以个人名义写的《报告》。综上所述，可以确认，这份珍贵的历史资料，是中共黄麻特委书记符向一（海南人）写给中央和省委的报告，故我认为文件标题应为《符向一关于黄麻暴动的情况报告》。

注：

①中共咸宁市委党史研究室编《鄂南建立全国第一个县级红色政权研究》，中共党史出版社，2018第214页。

②中央档案馆、湖北省档案馆编《湖北革命历史文件汇集（一九二六 —— 一九二七年）》，1983，第143页。

③中央档案馆、湖北省档案馆编《湖北革命历史文件汇集（一九二七年 —— 一九二八年）》，1983，第196页，，。

④同③，第263页。

⑤通城县老区建设促进会、通城县史志档案局编《通城点燃秋暴火炬》，2007，第86页。

⑥中央档案馆、湖北省档案馆编《湖北革命历史文件汇集（一九二七年 —— 一九二八年）》，1983，第76页。

⑦中央档案馆、湖北省档案馆编《湖北革命历史文件汇集（一九二七年 —— 一九三四年）》，1985，第5页。

⑧红安县委党史资料征编委员汇编、郭家齐主编《黄麻起义》，武汉大学出版社，1987，第161页。

⑨《黄麻起义》编写组编《黄麻起义》，湖北人民出版社，1978，第96页。

⑩同⑧，第174页。

⑪同⑧，第121页。

⑫同③，第114页。

⑬中央档案馆、湖北省档案馆编《湖北革命历史文件汇集（一九二八年）》，1983，第336页。

⑭中央档案馆、湖北省档案馆编《湖北革命历史文件汇集（一九二八年）》，1983，第377-378页。

⑮同⑬，第335页。

符向一生平活动年表

王林兴

1902 年

8月10日，出生于广东省琼山县树德乡（今海南省海口市琼山区大坡镇）文官园村一个贫农家庭，原名符福山，字向东。

1910 年

在新加坡做小生意的叔父的支持下，上文官园小学读书。聪明好学，成绩优异，有"过目成诵"之美誉，深受老师同学的称赞。

1920 年

在琼崖中学读书。其间，发生日本侵占我国西沙群岛事件，他积极参加爱国反日活动。

1924 年

考入东华大学，赴上海读书。其间，与在上海读书的琼籍学生许侠夫、陈秋辅等人一起创办《琼崖讨邓月刊》，揭露封建军阀邓本殷的罪行，传播俄国十月革命理论和经验。同时，他努力研究马克思列宁主义，传播共产主义真理，决心进行无产阶级革命，积极参加中国共产党领导的学生运动。

1925年

4月，在上海加入中国共产党。

5月，积极参加上海五卅运动。

6月，与王文明、陈垂斌、罗文淹、黄昌炜、叶文龙、陈德华、周逸、郭儒灏等组织"琼崖新青年社"，出版《琼崖新青年》杂志。积极撰稿写文章，宣传马列主义和反帝反封建的革命思想，宣传中国共产党的政治主张，成为该社的积极活动分子之一。

秋，与王文明、陈德华等从上海回到广州，参与组织琼崖革命同志大同盟，参与国共合作方面活动。

1926年

1月，随国民革命军渡海返琼，讨伐反动军阀邓本殷，然后留琼工作。

2月，任中共琼崖特别支部委员会委员、共青团琼崖特别支部委员会书记。

3月，任广东省琼崖农民运动办事处书记（主任为冯平）。负责组建共青团琼崖地委。

5月，前往临高县指导筹建党组织。在澄迈县、琼山县开展农民运动。

6月，赴广州，准备参加北伐战争。

7月，北伐战争开始，代表广东农协随军沿路开展农民运动。

10月，北伐军攻克武汉后，参加湖北省农民协会工作，筹备第一次农民代表大会。

1927 年

1月，参加湖北省党、政、军机关和人民团体组成的调查委员会。到咸宁，支持农民惩治豪绅。

3月，参加湖北省第一次农民代表大会。被选为省农协执行委员、调查部部长。时任中共中央农民运动委员会书记，毛泽东为名誉主席。

6月，去咸宁传达中央《关于目前时局和党的任务》文件精神。积极投身湖北的农民运动，农协会员从3月份的81万余人发展到284.2万余人，成为一支庞大的革命力量。

7月，在汪精卫于武汉发动"七一五"反革命政变后，又到咸宁传达省委关于武装斗争的指示，同意上山打游击。

8月，中共中央在武汉召开"八七"会议，发动全国各地组织武装起义（暴动），派毛泽东去湖南领导秋收起义。湖北省委制定了《鄂南农民暴动计划》，确定鄂南为全省暴动中心，派他带领40余人到鄂南全权指挥暴动工作（鄂南特委成立前）。其间，爆发了蒲圻县白墅桥暴动、崇阳县洪下暴动、通城暴动等，揭开了鄂南暴动的序幕。8月26日，鄂南特委成立，任委员，省军委书记吴德峰任书记。

9月，3日到通城传达特委9月9日暴

动指示。根据敌情变化，支持罗荣桓带领农军去江西修水参加毛泽东领导的秋收起义。9 日凌晨，蒲圻中伙铺车站劫车成功，鄂南暴动开始，各县相继展开暴动。10 日，新店事变，遭敌人埋伏，死里逃生。后奉命三次重返鄂南均失败，险些牺牲。

10 月，先后三次到鄂东巡视工作。月底，被中共湖北省委任命为黄麻特委书记，负责领导黄麻起义。

11 月，3 日在七里坪主持召开黄麻两县党团活动分子会议，成立黄麻特委，任特委书记。11 日，成立黄麻起义行动指挥部。13 日，攻占黄安县城。18 日，在黄安县农民政府成立大会上发表讲话，宣布成立中国工农革命军鄂东军。月底，到麻城巡视工作。

12 月，5 日敌人占领黄安县城。月底，在木城寨会议上，同意部队到木兰山打游击，其余人员分散就地坚持斗争，并于会后返回武汉。14 日，在中共湖北省委扩大会议上，被选为省委委员。会后，被中央指定为中共湖北省委常委。

1928 年

1月，先后参加省委第16、第17、第18、第19次常委会，并作重要发言。（化名胡一）

2月，到黄冈、团风、汉川等地指导工作。23日，参加省委第26次常委会，并作重要发言。

3月，21日被中共湖北省委书记刘伯庄指定为代理省委书记。下旬，因叛徒出卖，省委机关遭敌人破坏，被捕入狱，宁死不屈，在武汉英勇就义。

后　记

我整理完书稿，如释重负，心中感到无比欣慰，终于可以告慰烈士在天之灵了。

几年前，我编写《王大鹏烈士史料研究》一书，在查阅《海南省志·人物志》时，无意间发现与王大鹏相邻的"符向一"一名与众不同，便浏览其内容。当看到符向一领导黄麻起义的记载，倍感惊喜！没想到在中国革命史上影响很大的湖北省黄麻起义主要领导是海南人！我对符向一的敬仰之情油然而生。随后，我和中共海口市委党校原副校长王宏兴到琼山区大坡镇文官园村瞻仰符向一烈士故居。当我走进百年老屋，感到无比震撼，总觉得那儿在热烈呼唤着，要我写出符向一的故事。

为此，我从符向一所处的历史年代入手，编写了《岛外奋战的琼崖英雄》，即选择 1927 年 8 月至 1937 年 7 月土地革命战争时期，在我党重大历史事件中，有突出表现的符向一等6位琼崖英雄人物故事编写成册，他们是（按时间顺序）：率部参加南昌起义的周士第上将，领导黄麻起义的符向一烈士，领导闽西暴动的王海萍烈士，领导百色起义的张云逸大将，长征中担任"战略骑兵"的庄田中将，从"漳浦事件"突围的卢胜中将。其中，我编写了《黄麻起义主要领导符向一》和《符向一生平活动年表》，介绍符向一革命生涯，把他领导黄麻起义这段闪亮的历史故事展现出来，让读者阅后荡气回肠、刻骨铭心。遗憾的是，该书出版手续不知何时才能审批通过，只好暂时搁置。

后来，我重温了习近平总书记在中国文联十大、中国作协九大开幕式上的讲话："对中华民族的英雄，要心怀崇敬，浓墨重彩记录英雄、塑造英雄，让英雄在文艺作品中得到传扬，引导人民树立正确的历史观、民族观、国家观、文化观，绝不做亵渎祖先、亵渎经典、亵渎英雄的事情。"我觉得符向一烈士是一位了不起的英雄，是海南人民的光荣和骄傲，应"浓墨重彩记录"他的英雄故事，世代相传。于是，我重新收集、整理史料，编写《符向一烈士史料研究》一书。

我浏览湖北省当地的网站，购买有关鄂南暴动、黄麻起义的书籍，反复研读湖北革命历史文件，收获匪浅，看到了鲜为人知的符向一烈士的革命生涯。

符向一在湖北省第一次农民代表大会上当选执行委员和调查部部长，毛泽东等为名誉主席。

符向一全权指挥鄂南暴动组织工作，得到两任省委书记罗亦农、陈乔年的肯定。

符向一支持罗荣桓（中华人民共和国元帅）等，带领通崇农军参加毛泽东领导的湘赣边秋收起义。

符向一在黄麻起义中，成立了中国工农革命军鄂东军，这是红四方面军前身。

符向一被选为中共湖北省委委员后，由中央指定为中共湖北省委常委，化名胡一。

符向一在罗亦农同志受错误处分时，被指责为"罗亦农的死党"。

符向一临危受命，被中共湖北省委书记刘伯庄指定为代理省委书记。

符向一的牺牲时间是1928年3月下旬。在省委向中央报告的烈士名单中，符向一名列第一位，却被人诬陷为叛徒。

同时，这些历史文献带给我深刻的思考：秋收暴动的重点是两湖（湖南、湖北），党中央派毛泽东去组织领导湖南暴动；在湖北，中央和省领导派符向一去组织鄂南暴动。由此可见，符向一在秋收暴动中的地位和作用十分重要，值得人们永远纪念他。

历史没有忘记。2022年9月23日，海南革命史研究会召开纪念琼崖纵队成立95周年座谈会，我在会上见到了海口市委党史研究室符中主任，得知研究室准备编写符向一烈士的事迹。我喜出望外，将几年来收集、整理、编写《符向一烈士史料研究》的情况作了汇报。符中主任说，符向一是海口人，对中国革命有贡献，但知道他的人很少，需要我们用革命的情怀，去书写符向一，让英雄的事迹广为流传。受此鼓励支持，我倍感责任重大。老骥伏枥，自当奋力。一个月后，我将书稿送给符中主任审阅。当他看到用海南方言解读历史文献的成果，高兴地说，用海南方言研究党史是一个创新，认定《中共黄安特委关于黄麻农民暴动情况的报告》为符向一所写，这个成果有说服力。同时，他要求资料来源一定要写清楚，要注明作者的身份。此后，符中主任多次提出修改意见，我对书稿进一步作了修改。

全书分为三个部分：一是历史文献。摘录中共中央、中共湖北省委等机关文件。读者可以从中了解秋收暴动的来龙去脉，感知中国革命胜利来之不易。同时，我汇编了《符向一在省委常委会的发言》一文，展现了生动真实的符向一。二是史志资料。主要摘录史志记载符向一的资料，以及有关秋收暴动回忆的文章。三是研讨文摘。

摘录公开发表的专家、学者有关符向一的文章，以及我的研读文稿，让读者了解符向一光荣的一生。特别是通过《解读史料中的符向一》一文，澄清历史事实，纠正错误看法，维护烈士名誉。此外，本书作为研究史料，有不同的见解，实属正常。本着尊重历史、实事求是的精神，引用的史料，只在编辑时节选内容，对文字及观点不作修改。

主要资料来源：《湖北革命历史文件汇集》、《中国共产党鄂南历史》、《鄂南建立全国第一个县级红色政权研究》、《回忆与研究（上）》（李维汉）、《陈再道回忆录》、《聂洪钧回忆与文稿》、《黄麻起义》（1978年版）、《黄麻起义》（1987年版）、《中国共产党海南历史（第一卷）》、《海南省志·人物志》、《临高县志》、《海口市志》、《琼山县志》等。谨此，向有关专家、学者、作者、编者表示诚挚的敬意！特别是我用海南方言解读黄麻暴动报告的意见，得到湖北省档案馆的高度重视和肯定，特此向馆领导和专家致以崇高的革命敬礼！

同时，对编写过程中提供帮助的符中、覃俊、王胜光、符腾、王宏兴、许宏鸾、王琼、王海安、王粤、王正春、韩文畴、陈超平、何书典、吴羽、周焕生、周琪雄等表示谢意。

本书由中共海口市琼山区委、区政府支持出版，在此表示衷心的感谢！

由于水平和资料有限，书中错漏之处，欢迎读者批评指正。

王林兴

2023 年 4 月 28 日

附

录

《中共黄安特委关于黄麻农民暴动情况的报告》的作者探讨

湖北省档案馆：

　　我是海南省海口市人大常委会退休干部，为编写符向一烈士史料，研读了《湖北革命历史文件汇集》收录的《中共黄安特委关于黄麻农民暴动情况的报告》（以下简称《报告》）。在阅读过程中，感到有些词句读起来不通顺，也不好理解。如"手灯"不知是什么灯？思索中，无意用海南方言复读，不料答案随口而出："手灯"就是手电筒。心中顿时豁然开朗。赶紧再找几个难懂的词句，用海南方言解读，结果内容全读懂了。例如"不打平不能安身"，"打平"即"打倒""打垮"的意思（如"嘉积镇被台风打平"）；又如"将东、南、西三门用砖土塞起"，"塞起"就是"堵起来"；还有"令店户于今晚门首悬挂灯烛"，"门首"也叫"门头"，指

"门口";"黑腿杆子的农民代表会","腿杆子"叫"脚筒杆",指"小腿"。同时,"开场锣鼓""种种色色"等词句,也是从海南方言习惯用语演化而来。显然,这是海南人写文章留下的方言印记,说明《报告》是海南人写的。此外,《报告》中用第一人称"我",如"我走到麻城北乡第十三乡农民协会",并以"作者"称谓说道:"这个报告因作者在仓促间草成,多未能详尽,就此声明。"由此可见,这是以个人名义写的《报告》。

综上所述,可以确认《报告》是中共黄麻特委书记符向一(海南人)写的。因此,《报告》标题应为《符向一关于黄麻暴动的情况报告》。

以上见解,请专家赐教为盼。

此致

革命敬礼!

王林兴

2022 年 12 月 18 日

关于对《中共黄安特委关于黄麻农民暴动情况的报告》作者更改问题的复函

王林兴同志：

2022 年 12 月 18 日来函收悉。首先感谢您对中共湖北地方史研究的关心，并对您科学务实的学术精神表示高度赞赏。在馆领导的亲自安排下，我们随即就函中所提作者问题进行了初步考证，现复函如下：

一、同意您对该文执笔者为符向一烈士的认定。符向一于 1926 年底奉命到湖北开展革命工作，1927 年 8 月组织领导鄂南秋收暴动，任鄂南特委委员。同年 10 月，被省委派到鄂东黄麻地区组织发动第二次农民暴动，任中共黄麻特委书记，成为黄麻暴动的实际领导人之一。1928 年春在武汉被捕后牺牲。

二、（略）

三、（略）

特此函复。

顺祝

安祺！

湖北省档案馆办公室

2023 年 1 月 5 日

主编简介

王林兴,男,1954年1月生于海南琼海,退休干部,中共党员。1971年嘉积中学毕业,上山下乡当知青。毕业于广州林校、华南师范大学政治教育系(函授)、北京大学政治与行政管理研究生班(函授)。先后在广东省林业厅、中共海南省委组织部研究室工作。1990年任中共定安县委常委、纪委书记。1993年后,任海口市乡镇企业管理局副局长、海口市农林水利局副局长、海口市人大常委、海口市人大农村工委主任。主要著作有:《海口乡镇企业发展研究》《在职读北大》《嘉积市丁》《嘉积乡愁》《嘉积人物》《陈武英革命生涯》《琼海人的南海故事》《王大鹏烈士史料研究》《琼崖乐四苏区史料研究》。